• 누구나 쉽게 배우는 직장인 월세 수입 200만 원 만들기 •

골드곰 소형 부동산 투자 비법

골드곰 신명숙 지음

시원북스

프롤로그

128만 원 월급 받던 직장인,
소형 부동산 투자로 자산 44억을 만들다!

2002년 대학에서 산업디자인학과를 졸업하고 출판사 북디자이너로 사회에 첫발을 내디뎠다. 첫 월급은 128만 원이었다. 첫 월급 128만 원에서 시작해 22년간 작은 출판사에서 직장 생활을 하며 마지막에 받았던 월급의 실수령액은 318만 원에 불과했다. 이렇게 적은 월급을 모아 소형 부동산 투자로 총자산 44억, 순자산 21억 원을 만들고 2024년 47세에 조기 은퇴를 했다.

조기 은퇴를 하는 파이어족FIRE, Financial Independence, Retire Early의 꿈을 이룰 수 있었던 것은 사회 초년생 시절부터 투자에 관심을 갖게 된 터닝 포인트가 있었기 때문이다. 처음에는 부동산에 대해 아무것도 모른 채 투자를 시작했다. 20대부터 월급쟁이에서 월세 받는 집주인이 되겠다는 목표가 있었고, 노후 대비가 필요하다는 목표 의식이 있었기에 꾸준한 절약과 검소한 생활을 하며 투자의 밑천이 되는 종잣돈 더 나은 투자나 구매를 위해 모은 돈을 만들었다. 종잣돈을 모은 뒤에는 평소 경제 뉴스와 부동산 정보에 관심을 가졌던 덕분에 또래보다 조금 더 일찍 '내 집 마련'을 할 수 있었다.

직장 생활을 시작하면서부터는 고향에 계신 부모님의 지원 없이 경제적으로도 독립하여 내 삶을 꾸렸다. 홀로 서울에서 지내면서도 꿋꿋이 내 힘으로 집 한 채를 마련하겠다고 다짐했다. 서울에 아파트가 이렇게 많은데 내가 살 수 있는 아파트는 왜 없는지 서럽기도 했다. 게다가 대부분 사람들은 큰 평수를 선호했고 작은 평수는 인기가 없었다. 적은 연봉에 월급을 아끼고 아껴서 내가 살 수 있는 집은 소형 부동산, 작은 원룸형 주택이었다. 다른 집보다 아쉽고 부족했어도 이 작은 집이 앞으로 부동산 투자의 디딤돌이 되길 바라는 마음으로 첫 투자를 시작했다.

이렇게 첫 집을 마련했지만 초기에는 눈에 띄는 성과가 없어서 조바심도 났다. 그때마다 마음을 다잡고 소형 부동산 투자에 집중하며 장기 보유를 통해 묵묵히 한 걸음씩 나아간 덕분에 40대 후반에 매일 출근하지 않아도 되는 삶을 살게 되었다.

💰 소형 부동산 투자로 돈과 시간의 자유를 얻다!

만약 내가 안정적인 공무원이나 고연봉의 대기업 직장인이었다면 이렇게까지 절실하게 투자에 매달리지 않았을지도 모른다.

나는 35세에 다니던 회사의 디자인팀 전원이 권고사직을 당하며 첫 실직을 경험했다. 실직이라는 '불운'은 오히려 나에게 '경제적 자유'라는 꿈을 선물해준 소중한 경험이 되었다.

실직 후 8개월 만에 어렵게 재취업에 성공하긴 했지만, 갑작스러운 팀 전체의 권고사직을 계기로 라면값과 교통비까지 아끼면서 모은 돈으로 소형 부동산 투자에 매진했다. 나는 실직을 겪으며 뼈저리게 깨달았다.

"월급쟁이로서 내가 벌 수 있는 소득에는 '한계'가 있고,
월급을 최대한 아끼고 모아서 '자산'을 만들고,
내 자산에서 '돈이 나오는 시스템'을 만들어야 한다."

한번은 부모님을 위해 해외 크루즈 여행을 계획했지만, 어머니의 건강 컨디션 문제로 어쩔 수 없이 취소해야만 했던 일이 있었다. 부모님이 예전보다 부쩍 국내 여행조차 피곤해하시는 것이 느껴졌다. 첫째인 내가 고등학교를 졸업해 스무 살이 되고 어느덧 마흔을 넘기는 동안 부모님도 연로해지신 것이다.

학업과 직장 때문에 대학 입학과 동시에 부모님과 떨어져 지냈던 나는, 앞으로 계속해서 직장에 다닌다면 얼마의 돈을 더 벌 수는

있겠지만 부모님과 함께할 시간은 점점 줄어들 수밖에 없다는 사실을 실감할 수밖에 없었다. 그 순간 가슴 깊은 곳이 철렁하며 내려앉았다.

이를 계기로 나는 과감히 퇴사를 결심하고서 22년간의 직장 생활에 마침표를 찍었다. 작은 집을 무시하고 투자를 말리던 다른 사람들의 기준이 아닌, 내가 노력해서 할 수 있는 작은 집 투자로 돈보다 소중한 '시간'과 '가족'을 선택할 수 있었다.

소형 부동산 기반 월 250만 원 현금 흐름

나는 소형 부동산 투자를 기반으로 40대 후반에 월 250만 원의 현금 흐름을 기반으로 직장 생활을 멈추고 파이어족으로서 새로운 삶을 살고 있지만 나의 투자 공부는 멈추지 않았다. 지금도 보유 중인 부동산을 잘 관리하기 위해 세금 공부를 계속하고 있으며, 부동산에 집중된 자산을 금융 자산으로 분산시켜 현금 흐름을 늘리려고 한다.

전문가들이 공통적으로 말하는 재테크의 핵심은 단순하다.

1. 검소한 생활로 종잣돈을 모아라.
2. 종잣돈으로 좋은 자산을 꾸준히 쌓아라.

3. 자산이 성장할 수 있도록 인내하며 기다려라.

그리고 이 과정을 평생 반복하면 누구나 부자가 될 수 있다.

이 방법을 모르는 사람은 없다. 하지만 이 단순한 과정을 지속적으로, 꾸준히 실천하는 사람은 드물다. 내가 소형 부동산 투자를 통해 깨달은 재테크 원칙도 이와 크게 다르지 않으며, 이 원칙을 지키기 위해 평생 노력해왔다.

2008년부터 시작한 소형 부동산 투자의 모든 것!

이 책은 적은 월급을 받는 평범한 직장인이던 내가 어떻게 소형 부동산을 시작했고, 작은 집 투자를 지속하며 자산을 키웠는지, 그리고 어떻게 조기 은퇴라는 파이어족의 꿈을 이뤘는지 그 과정을 있는 그대로 공유하여 누구든 '나도 할 수 있다'는 용기와 자신감을 갖길 바라는 마음에서 썼다.

책 속에는 2008년부터 시작된 나의 소형 부동산 투자 여정의 모든 것이 담겨 있다. 소액의 종잣돈으로 어떻게 투자 물건을 선정했는지, 매수 당시의 상황과 판단 기준은 무엇이었는지, 투자 수익률과 현재의 현금 흐름은 어떤지 구체적인 데이터를 모두 공개했다. 이 과정에서 내 자산이 어떻게 불어났는지도 구체적인 수치와 함께 모두 공개하여, 장기 투자에 강한 복리의 힘에 대해 강조하고자 한다.

적은 월급이 진짜 문제가 아니라, 월급이 적어도 소비를 관리하고 작은 집 투자를 통해 누구든 충분히 경제적 자유를 이룰 수 있다는 현실적인 메시지를 전하고 싶다.

실행 가능한 전략과 내가 직접 경험했던 실전 사례를 통해 독자들이 각자의 상황에 맞는 부동산 투자의 방향을 찾을 수 있도록 도움을 주고 싶다. 이 책이 당신에게 '더 이상 출근하지 않아도 되는 삶'의 꿈을 이룰 수 있는 로드맵이 되었으면 좋겠다.

마지막으로, 출간 기회를 주신 시원북스 출판사에 감사드린다. 성실하고 검소한 삶의 태도를 물려주신 부모님께도 감사 인사를 전하고 싶다.

2025년 8월
골드곰 신명숙 씀

목차

프롤로그

128만 원 월급 받던 직장인, 소형 부동산 투자로 자산 44억을 만들다!   4

1장
한 살이라도 어릴 때부터 자산을 모아야 한다

내가 20대부터 소형 부동산 투자에 눈을 뜬 계기	16
평범한 직장인이 돈을 모아야 하는 진짜 이유	24
푼돈을 종잣돈으로 만들고 종잣돈을 자산으로 키우는 법	28
5년간 절약과 저축으로 5,000만 원 종잣돈을 만들다	34
종잣돈을 모으기 위해 배달도 안 시키고 KTX도 안 탄다	37
생신날 장대비가 쏟아져도 밭일을 나가신 할머니로부터 배운 정신	41
부자들은 얼마나 비싼지가 아니라 얼마나 싸게 샀는지 자랑한다	46

2장
왕초보도 당장 시작할 수 있는 소형 부동산 투자 첫걸음

주식보다 부동산 투자를 선택한 이유 - 직장인도 가능한 부동산 투자	52
투자가 처음일수록 작은 부동산으로 시작하자	57
갭투자를 활용하되 역전세를 대비하라	62
작은 집이라도 내 집 한 채는 꼭 필요하다	67
투자도 운동처럼 꾸준함이 답이다	73
부동산은 언제 사야 할까? - 집을 사는 가장 좋은 타이밍	77
투자 공부보다 중요한 것은 '직접 해보는 경험'이다	82
초소형 아파트도 오른다! 작은 금액으로 가능한 부동산 투자	85
청약 vs 실거주 vs 갭투자, 나에게 맞는 방식을 선택하자	93
따박따박 월세가 들어오는 수익형 투자로 포트폴리오를 확장하자	98
무한대 수익률 달성, 부동산 투자의 매력	102
내 집을 가져본 사람과 안 가져본 사람의 경제 관념 차이	106

3장
소형 부동산 투자로 40대 파이어족이 되기까지

처음 매수한 13평 아파트, 복리처럼 불어난 초소형 투자	114
완벽하지 않아도 괜찮다, 작은 집이라도 빨리 사라	120
평범한 월급쟁이에서 월세 받는 임대인이 되자	130
당장의 시세 차익을 노리면 실패할 가능성이 높다	137

부동산 투자에서 임장을 꼭 하지 않아도 되는 이유	146
투자한 부동산에 대한 자금출처 조사를 대비하자	155
초소형 주택 갭투자를 통한 안정적인 임대 수익과 시세 상승	159
원룸 도시형생활주택 2채로 연수익률 17% 달성	165
매도했던 집을 8개월 만에 다시 매수한 사연	168
한 번도 가본 적 없는, 뉴타운인지도 몰랐던 광명 투자	172
내 인생 최고의 투자는 즉흥으로 매수한 지방 신축 아파트	179

4장
부동산 임대 소득으로 은퇴! 내 인생을 바꿔준 소형 부동산 투자

128만 원의 월급을 받던 직장인은 부동산 투자로 얼마를 벌었을까?	188
부동산 투자의 핵심은 세금, 7주택자가 내는 세금 공개	195
임대 소득은 불로소득이라는 착각, 임대사업을 하는 마음가짐	203
부동산으로 얼마를 벌어야 할까? 내가 원하는 자산의 크기를 정하자	211
22년간 달려온 직장 생활의 마침표, 만일 내가 부동산 투자를 안 했다면	219

5장
달라지는 부동산 정책에도 흔들리지 않는 투자 마인드셋

비교하지 말고 영끌 하지 말고 나만의 투자 기준을 세워라	228
남에게 보여주기 위한 부동산 투자는 실패하기 쉽다	233
나만의 투자 기준을 지키면 실패하지 않는다	238
유행보다 나에게 맞는 투자로, 부동산 정책 변화에 흔들리지 마라	244

투자 결실을 맺을 때까지 기다릴 줄도 알아야 한다	250
22년간 부동산 투자를 위해 11권의 다이어리에 빼곡히 적은 기록	255
실패에 대한 두려움을 극복해야 자산을 크게 불릴 수 있다	260
투자와 함께 긍정적인 생각이 불러일으킨 나비효과	264
쉽게 집을 살 수 있는 시대는 원래부터 없었다	270

6장
나는 쇼핑 대신 작은 집을 산다

쇼핑 대신 소형 부동산 투자, 물건은 가볍게 마음은 든든하게	278
지속 가능한 투자를 위해 비용을 아끼자	286

부록
인생이 바뀌는 부동산 투자를 위해 날마다 쓰는 가계부 습관	292

에필로그
내가 할 수 있었다면 당신도 할 수 있다	296

1장

한 살이라도 어릴 때부터 자산을 모아야 한다

내가 20대부터 소형 부동산 투자에 눈을 뜬 계기

20대 시절, 나는 대학 진학을 위해 부모님과 함께 살던 고향 집을 떠나 처음으로 서울에 와서 원룸 세입자로 자취를 시작하게 되었다. 대학 졸업 후에도 서울에서 취직을 해서 부모님으로부터 독립하여 오랫동안 혼자 살았다. 내가 살던 용산구 다세대 건물의 40대 집주인 아저씨가 보여준 부동산 투자 수완을 지켜보며, '돈을 벌려면 부동산에 투자해야 한다'는 생각을 남들보다 조금 일찍 하게 되었다.

집주인 아저씨는 용산구에 땅을 사서 10평짜리 원룸 17개가 있는 5층 다세대 건물을 지었다. 그리고 건물 꼭대기 층에는 주인 아저씨 가족이 함께 살았다. 그렇게 17개 원룸에서 월세를 받다가 재개발이 진행되어 원룸 한 호실당 1억 6,000만 원에 매각을 했다. 17개면 총 27억 2,000만 원이다. 집주인 아저씨가 건물을 매각한 해는 2006년이었는데 나는 훗날 이 방식이 재개발 입주권을 받기 위한 '지분 쪼개기' 투자였음을 알게 되었다.

 **부동산 용어 설명**

✓ **재개발 구역 지분 쪼개기**

과거 재개발 입주권의 분양 대상자를 늘리기 위해 단독 주택을 허물고 다세대 주택을 지어 재개발 입주권의 분양 대상자를 늘리던 방식. 현재 이런 방식의 투자는 법으로 엄격히 제한되고 있으며, 이런 빌라에 잘못 투자하면 현금 청산을 당할 수 있어 주의해야 한다.

나는 이때 집주인 아저씨가 부동산 투자로 큰돈을 버는 것을 보고 남들보다 좀 더 일찍 부동산 투자에 관심을 갖게 되었다.

게다가 대학생이었던 시절 IMF 외환위기를 겪었기에 서울역 앞을 오가며 노숙자들을 자주 보게 되었고, '**노후 준비를 하지 않으면 평범하게 살다가도 나락으로 떨어질 수 있구나**'라는 걸 일찍 깨달았다. 그래서 졸업 후 20대에 직장 생활을 시작하자마자 노후 준비를 고민하기 시작했다.

더욱이 첫 직장에서 경영 악화로 인해 실적이 부진했던 부서가 통째로 없어지고, 그 부서에 속한 모든 직원이 정리해고를 통보받았다. 부서장은 대리 직급인 나보다 더 안 좋은 자리로 배치되었다. 그 모습을 지켜보며 **'중소기업 직장인인 내 직업 수명이 남들보다 훨씬 짧을 수도 있겠구나'라는 위기감을 느꼈다.** 그때부터 천 원짜리 한 장도 허투루 쓰지 않는 소비 습관을 들였다.

그리고 입사한 지 10년이 되던 해, 디자인팀 구성원 전원이 권고사직을 통보받았다. 그때 내 나이는 고작 35세였다. 이후 어렵게 8개월 만에 다른 회사에 겨우 재취업했지만, 그 뒤로는 **'내일 당장 실직할 수도 있다'**는 생각으로 더욱더 열심히 종잣돈을 모으며 **부동산 투자에 매진했다.**

직장인이라면 누구나 '언젠가는 내 의지와 상관없이 일을 그만두게 되는 날이 올 수 있다'는 불안을 느낄 것이다. 하지만 매달 꼬박꼬박 입금되는 월급의 달콤함에 취해 갑작스러운 고용 환경 변화나 노후 준비를 미루는 사람이 많다.

내가 일을 하지 않아도 따박따박 들어오는 '현금 흐름'을 만들어 정년보다 일찍 퇴사해서 내 시간을 마음대로 쓸 수 있는 자유를 누리고 싶지만, 돈을 아무리 아껴도 내 마음에 드는 집값을 따라잡기 어렵다. 그리고 부동산 투자는 제대로 공부를 해서 시작해야 한다는 부담 때문에 선뜻 시작하지 못하는 경우도 많다.

하지만 나는 투자는 '공부'해서 잘하게 되는 것이 아니라고 생각한다. 우리나라는 주입식 교육에 익숙한 탓인지 투자도 반드시 공부해서 시작해야 한다고 생각하는 사람들이 많다. 어떤 책이 도움이 되었는지, 부동산 공부는 어떻게 했는지 내게 물어보는 사람도 많았다. 그러나 나는 부동산 투자를 시작하면서 단 한 권의 투자 관련 책을 읽은 적 없고, 부동산 강의를 들어본 적이 없었다.

나의 경우 지난 17년 동안 주택임대사업을 하면서 10채의 부동산을 사고 3채를 매도하며 직접 체득한 경험을 통해 얻은 지식과 정보, 감각과 노하우가 부동산 투자의 가장 큰 자산이다. 나는 누가 시키거나 옆에서 부추겨서 부동산 투자를 시작하지 않았고, 스스로 깨닫고 목표를 세워 투자를 시작했다. **내가 선택하고, 결정하고, 책임을 졌다. 이처럼 살아 있는 경험만큼 강력한 스승은 없었다.**

부동산에 투자할 돈이 당장 없더라도, 내가 사고 싶은 지역의 아파트 시세를 알아보는 것부터 투자 공부는 시작된다. 중요한 것은 '남이 알려주는 답'이 아닌 '내가 고민하고 공부해서 얻은 답'이다. 다른 사람의 조언이 도움이 되겠지만 무조건 따라 하거나 흥미를 잃어버리면 아무런 변화도 생기지 않는다. 부동산 투자 공부는 평생 취미처럼 끈기 있게 이어가야 한다.

　나는 중소기업 직장인의 적은 월급으로 부동산에 투자할 자금을 마련하기 위해, 첫 직장에 입사한 이후 무려 6년 동안은 궁상맞다고 느껴질 만큼 돈을 많이 아끼며 살았다. 퇴근할 때는 광화문에서 용산까지 걸어 다녔고, 첫 집을 마련하기 전까지는 침대나 식탁조차 없이 살았다. 절약과 검소함은 재테크에서 아무리 강조해도 지나치지 않다.

　요즘 '1억 모으기'가 열풍이다. 1억이라는 금액이 막연히 크게 느껴질 수도 있지만, 매월 150만 원씩 연 4% 복리로 5년 저축하면 도달 가능한 숫자다. 2025년 기준, 최저 시급으로도 월급 200만 원을 받을 수 있다. 개인의 상황에 따라 속도의 차이는 있겠지만, 일반적인 경우 꾸준히 일하면서 절약하고 모은다면 1억 모으기는 결코 불가능한 목표가 아니다.

　나는 직장을 그만둔 지금, 부동산 임대 수입과 주식 배당 수입을 합쳐 매달 약 250만 원의 수입으로 생활하고 있다. 한 달 생활비로 쓰는 금액은 100만 원 내외다. 총자산이 44억, 순자산은 21억으로 늘어난 지금도, 소비 습관은 현금 1억도 없던 시절과 크게 다르지 않다.

월급이 많아도 소비가 너무 많으면 돈을 모으기 어렵다. 반대로 월급이 적다고 저축은커녕 부동산 투자도 어렵다고 지레 포기해 버리면 영영 그 굴레에서 벗어나지 못한다.

만일 월급이 통장을 스쳐 지나간다고 느낀다면, 무의식적으로 지출하던 소비가 없는지 생각해보자.

1. 습관적으로 타던 택시
2. 스트레스를 풀기 위해 시켜 먹던 배달 음식
3. 출근길 보상 심리로 마시던 테이크아웃 커피
4. 넷플릭스, 유튜브 프리미엄 같은 유료 구독 서비스
5. 순간의 욕구로 사들인 예쁜 쓰레기

이런 것들만 과감히 줄여도 돈은 훨씬 더 빨리 모인다. 나는 25세에 직장에 취직하자마자 집에서 인터넷 서비스를 아예 끊어버렸다. 회사에서 인터넷을 사용할 수 있고, 필요하면 집 근처 도서관에서 디지털 열람실을 이용할 수 있었기 때문이다. 그 습관은 지금도 마찬가지다.

믿기 어려울 수 있지만, 지금도 우리 집에는 와이파이가 없다. 필요할 때는 아파트 커뮤니티 북카페에 노트북을 들고 나간다. 예를 들어, 인터넷 요금이 한 달에 16,000원이라 가정하고, 내가

직장 생활을 했던 22년 동안 연 3% 복리로 계산하면 약 571만 원이라는 금액이 된다. 작은 지출 하나를 줄여도 시간의 복리 효과로 몇 백만 원의 돈이 만들어지는 것이다.

"아니, 죽어서 돈 싸가지고 갈 것도 아닌데 왜 그렇게 아껴?"

나는 이 말을 정말 싫어한다. 기대 수명이 점점 늘어나는 상황에서 내가 언제 죽을지는 아무도 모른다. 죽기도 전에 벌어놓은 돈을 다 써버린다면, 노후는 곧 재앙이 될 것이다. 내 인생에서 돈을 벌 수 있는 시간은 길어야 30년 정도이고, 내 의지와 무관하게 더 짧아질 수도 있다.

작은 지출을 아껴야 큰 지출도 아낄 수 있다고 믿으며,
집에 와이파이를 설치하는 대신 필요하면 이용하는 도서관 디지털 열람실

광고 출연료로 집 한 채보다 더 많은 돈을 벌었다는 연예인들이 결국 집을 경매로 날리고, 큰 빚을 갚느라 고생했다는 이야기는 흔하다. 일반적으로 돈을 벌 수 있는 시간은 한정적이기 때문에 돈을 아무리 많이 버는 직업이라도 소비 습관을 통제하지 못하거나 효율적으로 돈을 관리하는 방법을 모르면 경제적인 어려움에 처하기 쉽다.

죽으면 돈을 싸가지고 못 간다. 하지만 돈이 없으면 노후는 비참해질 것이다.

그러니 이 말을 절대 잊지 말아야 한다.
"지금 버는 월급은 미래의 내가 나눠 써야 할 돈이다."

평범한 직장인이
돈을 모아야 하는 진짜 이유

직장인이 회사를 다니며 안정적으로 벌 수 있는 시간은 생각보다 짧다. 정년퇴직 전 직장 생활을 할 수 있는 기간은 평균 20~30년이고, 그 이후 40~50년은 적은 소득으로 살아야 할 수도 있다. 그러므로 은퇴 이후에 내가 보유한 자산에서 현금 흐름이 나올 수 있도록 준비한 사람과 그렇지 않은 사람의 삶은 극명하게 달라진다.

물론 돈이 전부는 아니고, 돈이 많다고 행복한 건 아니다고 말하는 사람들도 있다. 하지만 돈이 많으면 대부분의 문제는 훨씬 쉽게 해결된다. 돈으로 살 수 있는 행복도 많이 있다.

나 역시 20대부터 미래에 대한 준비를 시작하지 않았다면, 40대 후반인 지금 부모님과 여행을 다니며 일상의 소소한 시간을 보낼 수 있는 여유는 없었을 것이다. 아마 여전히 직장에 매여 하루하루를 살아가고 있었을지 모른다. 지금 내가 누리고 있는 부모님과의 행복한 시간은 '돈으로 산 시간'이라고 해도 과언이 아니다.

한 살이라도 어릴 때부터 자산을 모으고 노후 준비를 시작하지 않는다면, 직장에서 은퇴한 뒤에도 돈을 벌기 위해 내 소중한 시간을 모두 써야 할 수도 있다. 내가 잠을 자는 시간에도 내 돈이 일하게 하려면, 젊을 때부터 부지런히 월급을 모아 부동산 임대 소득이나 금융 소득을 만들어내는 자산으로 바꿔야 한다.

세계적인 투자자 워런 버핏도 이렇게 말했다.
"가장 후회되는 일은 열두 살이 아닌 다섯 살이나 일곱 살에 주식 투자를 시작하지 않은 것이다."

이 말에서 얻어야 할 교훈은 하나다. 투자는 하루라도 더 빨리 시작해야 한다는 것. 나 역시 31세에 첫 부동산 투자를 시작한 것이 무척 아쉽다. 그때 산 집은 오래된 13평짜리 원룸 구조의 아파트였기 때문에 투자 수익이 크지는 않았다.

만약 내가 20대에 부동산 투자를 시작했다면 더 일찍 더 많은 경험이 쌓였을 테고, 좋은 자산을 고르는 안목도 더 빨리 길러졌을 것이다.

평범한 직장인에게 부동산 투자는 단기간 수익을 내는 구조가 아니다. 투자하기 좋은 시점이 언제일지는 투자 전문가도 예측하기 어렵기 때문에 한 살이라도 어릴 때부터 투자에 대한 경험을 쌓는 것이 중요하다.

게다가 첫 투자 이후 6년 동안 집값은 거의 오르지 않았다. 투자한 곳의 집값이 크게 오르지 않았음에도 부동산 투자를 계속할 수 있던 이유는, 내가 젊었기 때문에 조급하지 않았고 단기간 수익에 집착하지 않았기 때문이다.

반면, 뒤늦게 부동산 투자를 시작했다가 경험도 없이 욕심만 앞서 큰 손해를 보는 이유는 투자를 너무 늦게 시작해서 단기간에 큰돈을 벌고 싶었기 때문일 수도 있다. 만약 나도 31세가 아닌 40대 이후에 첫 집을 샀다면, 지금처럼 느긋한 마음으로 기다릴 수 없었을 것이다. 조급함에 좋은 부동산도 팔아버리거나, 부동산 투자를 시도했다가 계속하지 못했을 가능성이 크다.

2008년 첫 투자 이후, 8년 동안은 투자 수익이 거의 없었다. 하지만 2015년부터 2019년까지 단 4년간 자산이 기하급수적으로 불어났다. 마침내, 자산이 스노우볼처럼 불어나기 시작한 것이다.

2008년 첫 투자 이후 2015년부터 늘어난 자산 규모

2015~2017년: 순자산 3억 6,000만 원 → 7억 1,000만 원

2017~2019년: 순자산 7억 1,000만 원 → 14억 5,000만 원

단기간 투자 수익은 없었지만 확신을 갖고 꾸준히 부동산에 투자했기에 가능한 결과였다. 집값이 크게 상승하지 않았어도 시세 차익에 연연하지 않고 부동산을 계속 사 모을 수 있었던 것은 어린 나이 덕분에 투자 수익에 대한 욕심이 크지 않았기 때문이다.

31세에 처음으로 집을 산 이후 지금까지 17년 동안 오직 부동산 투자에 집중했고, 그 결과 10채의 아파트를 매수, 그중 3채를 매도했다. 이 과정을 통해 책으로는 배울 수 없는 소중한 투자 경험과 좋은 부동산을 고를 수 있는 나만의 안목을 쌓을 수 있었다. **경험이 쌓이니 돈은 자연스럽게 따라왔다.**

푼돈을 종잣돈으로 만들고
종잣돈을 자산으로 키우는 법

어느 유튜브 영상의 댓글을 보면 "월급이 너무 적어서 투자 자체가 어렵다"고 말하는 사람이 많다. 하지만 나 역시 첫 월급은 세후 128만 원, 퇴사 직전 마지막 월급은 세후 318만 원이었다. 22년의 직장 생활 동안 마지막 9년간 받은 급여는 세후 총 2억 8,500만 원이었다.

연봉 1억 대기업 직장인이 흔한 요즘, 내가 9년간 받은 연봉은 연봉 1억 직장인의 3년 연봉도 안 되는 수준이다. 이렇게 적은 월급을 받았지만 현재의 자산을 이룰 수 있었던 이유는 두 가지다.

1. 오랫동안 소비를 철저히 통제하며 종잣돈을 모았다.
2. 모은 돈을 그냥 저축만 하지 않고, 곧바로 자산으로 바꿨다.

"푼돈 모아봤자 푼돈이다?"라고 생각하는 사람들도 많지만, 직접 해본다면 그 말이 틀렸다는 걸 알게 될 것이다. 시간이라는 레버리지^{지렛대}를 활용하면, 푼돈도 얼마든지 목돈이 될 수 있다.

나는 푼돈을 모아서 저축하고 자산으로 바꿨다. 즉, 남들보다 빨리 부동산에 투자했다.

투자는 사실 생각만큼 어렵지 않다. 지출을 통제하고, 돈을 모아서 자산으로 바꾸는 작업을 꾸준히 하면 된다. 하지만 소수만 성공하는 이유는 이 꾸준함을 유지하기 어렵기 때문이다. 그래서, **투자는 끈기 있는 사람만 성공할 수 있다.**

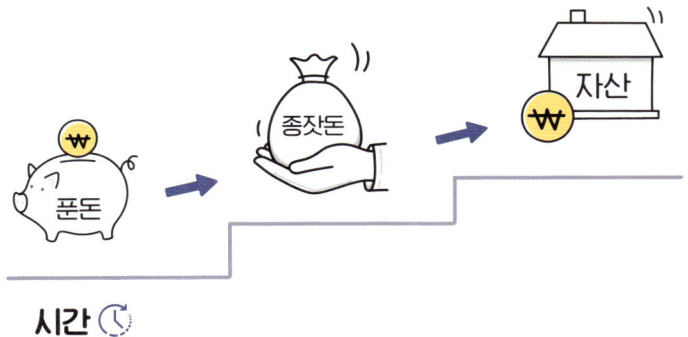

당장 눈앞에 성과가 보이지 않더라도 지출을 통제하는 과정은 투자에 있어서 필수적이다.

"과연 나는 60~70대가 되어서도 매일 출퇴근하고 싶을까?"

"아니면 지금 조금 힘들더라도, 자산에서 나오는 소득으로 조기 은퇴를 해서 내 시간을 자유롭게 쓰고 싶을까?"

이 질문을 진지하게 생각해본다면 바짝 허리띠를 졸라매는 것이 고통보다 미래를 위한 투자, 즐거움이라는 것을 알게 될 것이다.

내가 중소기업에 다녔던 것은 오히려 부동산 투자를 더 열심히 할 수 있는 원동력이 되어주었다. 나는 대기업이나 공무원 같은 안정적인 직장이 아니라 언제든지 직장을 잃을 수 있는 중소기업에 다녔기 때문에 이것이 오히려 나를 더 열심히 부동산 투자를 하도록 만들었다.

적은 연봉을 받으면서도 검소하게 생활했고, 월급이 인상되어도 소비 수준은 그대로 유지했다. 그렇게 모은 돈으로 부동산이라는 자산을 꾸준히 사서 모았다. 22년 동안 받은 월급을 그냥 저축만 했더라면 3~4억 정도의 현금자산이 전부였을 것이다.

하지만 나는 그 돈을 부동산에 장기적으로 투자했기 때문에 44억의 총자산과 21억의 순자산을 만들 수 있었다.

그러므로 첫 출근 날부터 은퇴 및 노후 준비는 시작되어야 한

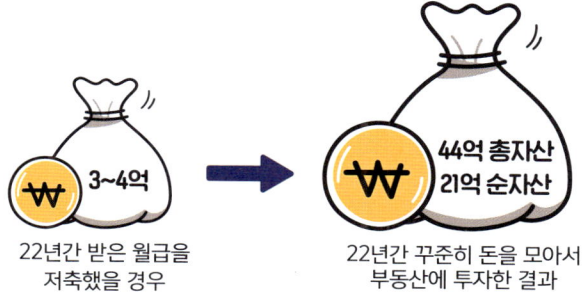

다. 매달 통장에 입금되는 월급은 달콤하다. 하지만 그 달콤함에 길들여지면 미래에 대한 준비를 게을리 하게 된다. 시간은 생각보다 훨씬 빠르게 지나간다. 나 역시 22년간의 직장 생활이 지금 돌이켜보면 찰나처럼 느껴질 정도다.

돈이 많아야만 부동산 투자를 시작할 수 있는 것은 아니다. 나의 첫 부동산 투자 자금은 5년 동안 모은 5,000만 원이었다. 그리고 그 뒤로 직장 생활 내내 멈추지 않고 꾸준히 부동산이라는 자산을 사 모았기에 지금의 자산을 형성할 수 있었던 것이다.

사회 초년생들은 "부동산이나 주식 투자는 손실 위험이 커서 무섭다"고 말한다. 하지만 '투기'가 위험한 것일 뿐, '투자' 자체는 위험하지 않다. 이 책을 읽고 있는 여러분도 하루라도 빨리 자산을 모으기 시작한다면, 시간의 복리 효과가 만들어내는 놀라운 결과를 경험할 수 있을 것이다.

자산의 격차는 시간이 지날수록 무섭게 벌어진다. 직장인이 돈을 벌 수 있는 20~30년 동안 **매달 조금씩이라도 저축하고, 그 돈으로 투자를 해놓은 사람과 그렇지 않은 사람은 은퇴 후 삶에서 상상도 못할 만큼 큰 차이를 겪게 된다.**

나는 안 될 거야, 못할 거야, 그렇게 생각하며 포기하지 말자. '긍정적인 생각'과 '끈기', 그리고 '꾸준한 실천'이 있다면 미래는 분명히 바뀔 수 있다. 지금 당장은 눈앞에 성과가 보이지 않아도 포기하지 않고 투자하는 사람만이 시간의 자유, 돈 걱정 없는 편안한 노후를 누릴 수 있다.

파이어족 열풍은 비단 지금만의 유행이 아니다. 내가 사회생활을 시작한 2002년에도 조기 은퇴에 대한 직장인들의 관심은 꽤 높았다.

당시 회사에 출근하면 아침 신문이 매일 비치되어 있었다. 어느 날, 〈조선일보〉에 10억을 모아 조기 은퇴에 성공한 사람의 기사가 실렸다. 나는 그 기사를 보고 '텐인텐[10년 10억 만들기]' 다음 카페에 가입하며 재테크에 본격적으로 눈을 뜨게 되었다.

과거 우리 부모님들 세대도 부동산 투자의 성과를 경험하셨고 조기 은퇴를 꿈꿨다. 지금 70대인 부모님도 젊은 시절 토지 투자로 큰돈을 벌었던 적이 있다. 당시 부모님도 한때 '이렇게 계속 수익이 나면 40대에는 은퇴할 수 있겠구나'라고 생각하셨다고 한다.

조기 은퇴에 대한 열망은 단순한 유행이 아니라, 인간이라면 누구나 갖고 있는 '시간의 자유에 대한 본능적인 욕구'인 것이다.

여러분도 돈 걱정 없는 편안한 노후를 미리 준비하길 바란다.

5년간 절약과 저축으로
5,000만 원 종잣돈 만들기

2002년, 졸업도 하기 전 처음으로 면접을 본 회사에 운 좋게 취업을 했다. 하지만 출근 첫날의 기쁨은 오래가지 않았다. 매일 아침 출근해서 돈을 벌어야 한다는 생각에 암담함이 몰려왔다. 첫 월급은 세후 128만 원, 심지어 첫 출근일이 6월 10일이라 한 달 근무 일수를 다 채우지 못 해서 첫 월급은 고작 70만 원이었다.

고생하며 일했는데 겨우 이 정도라니⋯ 대학생 시절 부모님이 보내주시던 용돈 50만 원보다 조금 많은 수준이었다. 그때 받았던 충격이 컸다. **첫 월급을 받았던 그날이 바로, 내 인생에서 '돈의 가치'를 뼛속 깊이 느낀 터닝포인트였다.**

부모님께 쉽게 받아 쓰던 돈과 내가 힘들게 번 돈의 무게는 달랐다. 내가 직접 돈을 벌어보니 부모님이 얼마나 힘들게 나를 키우셨는지, 비로소 깨닫게 되었다. **나는 사회에 나가 직접 돈을 벌어보고 난 후에야 비로소 철이 들었다.**

취업 후 5년 동안은 투자에 대한 경험도, 지식도 전혀 없었다. 주식 투자도 하지 않았다. 내가 했던 일은 단 하나. 무조건 돈을 아끼고 열심히 저축하는 것이었다.

당시엔 서울의 10평대 초소형 아파트를 1,500만 원에서 2,000만 원 정도면 전세를 끼고 매수할 수 있었지만, 20대의 나이에 내 명의로 부동산을 계약한다는 것은 너무 두려운 일이었다.

나는 31세가 되어서야 첫 아파트 공급면적 13평 를 전세를 끼고 5,000만 원의 갭으로 매수했다. 지금 생각하면 '20대에 조금 더 용기 내어 부동산 투자를 시작했다면 내 자산은 더 커졌겠구나' 하는 아쉬움이 남는다. 어떠한 종류의 투자가 되었든 투자의 시기는 빠르면 빠를수록 좋다.

첫 직장은 광화문에 있었고, 집은 용산구였다. 나는 지하철비를 아끼기 위해 걸어서 출퇴근했다. 회사의 복지가 좋아서 점심을 제공해주었기 때문에 식비를 많이 절약할 수 있었다. 그때는 지금처럼 테이크아웃 커피를 습관처럼 사서 마시는 문화도 없어서 연봉이 2,000만 원도 안 되는 상황에서 월급에 비해 많은 돈을 저축할 수 있었다. 그렇게 해서 5년 만에 종잣돈 5,000만 원을 모았다.

이후 7년간, 저축의 가속도가 붙었다. 5,000만 원을 모으는 데는 5년이라는 시간이 걸렸지만 그 이후 7년 동안은 1억 5,000만 원이라는 큰돈을 모을 수 있었다.

신기하게도 돈은 모으면 모을수록 가속도가 붙는다. 저축도 마치 운동처럼 계속하면 습관이 된다. 소비도 중독이 되듯 절약도 하면 할수록 중독이 되는 것 같다. 목돈을 한 번 모아본 사람은 그 흐름을 놓치지 않는다. 소비와 저축, 둘 중 무엇에 중독이 되느냐로 노후의 삶은 극명하게 달라질 것이다.

"그렇게까지 궁상맞게 살 바엔 돈을 더 버는 게 낫지 않느냐?"고 말하는 사람도 많다. 맞는 말이지만 모든 사람이 대기업에 들어갈 수 없고, 정년이 보장되는 공무원이 될 수는 없다. **나는 내 능력으로 더 많은 돈을 벌 수 없다면 남들보다 덜 쓰면 된다고 생각했고, 그 생각대로 살았다.**

세상에 공짜는 없다. 열심히 번 돈, 열심히 아끼고 모으자. 그것이 시작이다.

종잣돈을 모으기 위해
배달도 안 시키고 KTX도 안 탄다

직장 생활 22년 동안 부모님이 계신 고향으로 내려갈 때면 나는 KTX 대신 항상 무궁화호 기차만 탔다. 좀 더 빠르고 편안하게 가기 위해 요금이 더 비싼 KTX나 새마을호를 선택한 적은 단 한 번도 없었다. 내게 가장 중요한 건 빠르거나 편안한 교통수단이 아니라 가장 저렴한 '요금'이었다.

힘들게 번 돈이 아까워서 외식도 거의 하지 않고 배달 음식 역시 이용하지 않았다. 치킨이 먹고 싶을 때는 집 근처 매장에서 포장을 해오는 것이 당연한 일상이었다. 지금까지도 내 휴대전화에는 배달 앱이 단 한 번도 설치된 적이 없다. **이런 작은 비용들을 아껴 내 미래를 위한 투자를 위한 종잣돈으로 모았다.**

첫 번째 아파트를 대출 없이 마련한 이후에도, 두 번째 집을 살 자금을 모을 때까지는 먹고 싶은 라면 값도 아꼈다. 마트에서 가장 저렴한 PB 제품을 사 먹었다.

내가 그렇게까지 검소하게 살았던 건, 돈이 없어서가 아니라 파이어족으로 살고 싶다는 분명한 목표가 있었기 때문이다. "언젠가는 강남에 아파트를 사서 월세를 받으며 조기 은퇴를 하겠다"는 **뚜렷한 목표가 있었기 때문에 작은 아파트 한 채를 마련하고 나서도 소비 수준을 올리지 않았다.**

부동산 임대 소득과 주식 배당금으로 조기 은퇴에 성공한 지금도 **나는 여전히 미니멀리스트로 검소하게 살고 있다.**

1. 모델하우스 사은품으로 받은 에코백 하나를 16년 넘게 들고 다니고,
2. 10년 넘게 쓴 선풍기의 고정 장치가 망가져서 끈으로 묶어 사용하고,
3. 휴지통은 다 쓴 페트병을 잘라 만들어 쓰고,
4. 수납을 위한 상자는 마트에서 사온 식품 용기를 재활용하고,
5. 다 해진 이불도 꿰매서 계속 덮고,
6. 손잡이가 부러진 거울도 버리지 않고 그대로 사용하고,
7. 샴푸, 린스 대신 비누 한 장으로 씻는다.

이러한 생활은 지금도 여전한 내 일상이다.

16년 넘게 들고 다닌 에코백

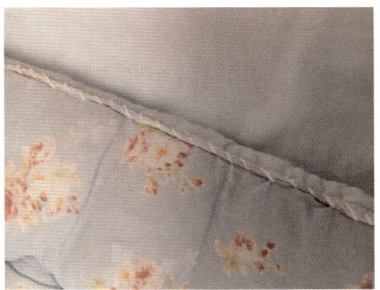
꿰매서 쓰는 헤진 이불

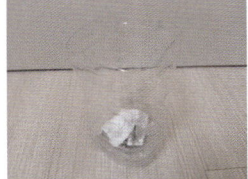
페트병을 잘라 만든 휴지통

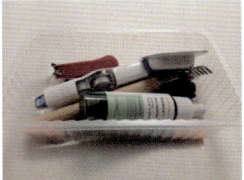
재사용 용기에 담은 문구류

과일 바구니로 쓰는 재사용 용기

손잡이가 부러졌지만 쓸 수 있는 거울

팬 고정 장치가 떨어져도 묶어서 쓰는 선풍기

 누군가는 이런 모습을 보고 "절약을 넘어서 너무 궁상스러운 거 아니냐"고 말할지도 모른다. 하지만 나는 궁상이라고 생각하지 않는다. 이런 내 삶의 방식은 단순히 돈을 절약하기 위한 목적이 전부가 아니다.

버리는 것은 쉽다. 단순 변심, 안 쓰는 물건은 치우고 버리면 그만이다. 하지만 내가 잘 버리지 않는 건 쓸데없는 소비를 줄이고 내 삶의 우선순위를 분명히 하기 위한 선택이었다. **돈이 없어서가 아니라 진짜 내가 원하는 삶을 살기 위한 소비 습관인 것이다.** 그리고 그 습관은 우리 집안 내력이기도 하다.

생신날 장대비가 쏟아져도 밭일을 나가신 할머니로부터 배운 정신

우리 가족은 대대로 검소함이 뼛속 깊이 새겨진 집안이다. 어느 날 어머니께서 **"아버지는 다람쥐가 도토리 모으듯 돈을 모은다"** 고 말씀하셔서 웃었던 적이 있다. 은퇴 후 어머니로부터 매달 70만 원의 용돈을 받고 있는 아버지는 그 용돈조차 아껴 목돈으로 만드셨고, 어머니는 그 모습을 다람쥐에 빗대어 말씀하셨다.

중학생인 조카 역시 어릴 적부터 자연스럽게 저축하는 습관이 몸에 배어 있었다. 초등학생 시절에는 포켓몬 카드를 모으는 데 열중했지만, 요즘은 포켓몬 카드나 보드 게임을 사주겠다고 하면 "선물 대신 용돈으로 주세요"라고 말한다.

동생은 조카가 기념일과 명절 때 받은 용돈으로 미국 주식을 꾸준히 사주었고, **조카는 포켓몬 카드 대신 미국 주식에서 배당금이 들어오는 경험을 통해 자연스럽게 소비보다 배당금이 주는 달콤한 결실을 알게 되었다고 한다.**

초등학생 시절 모았던 포켓몬 카드 대신 미국 주식 배당주를 모으고 있는 중학생 조카

내가 열 살쯤이던 여름 방학, 비가 퍼붓던 어느 날의 기억이 선명하다. 할머니의 생신을 맞아 충청도에 있는 시골집에 우리 가족과 친척들이 모두 모였다. 그리고 **생신날 아침, 할머니는 식사를 마치시자마자 비료 포대를 우비처럼 걸치시고는 굵은 장대비 속으로 밭일을 하러 나가셨다.** 그날 툇마루에 앉아서 바라본, 비료 포대를 두른 채 비를 맞으며 밭으로 향하시던 할머니의 뒷모습이 아직도 눈에 선하다.

아버지 말씀에 따르면, 어린 시절 집 안 벽장에는 말린 인삼이 가득했고 철철이 보약을 지어 드셨을 정도로 살림이 넉넉했다.

궁핍하지 않았던 형편에도 불구하고 할머니는 손자 손녀들과 오랜만에 만난 생신날에도 밭일을 거르지 않고 나가셨던 것이다.

할머니는 논농사보다 돈이 더 되었던 밭농사를 선택했고, 고추와 담배 농사를 지어 번 돈으로 농사지을 땅을 꾸준히 사들여 자산을 늘려나가셨다. 할머니의 성실한 삶의 방식은 나의 뿌리가 되었고, 내 삶의 철학에도 깊은 영향을 주었다.

지금 내가 살고 있는 집 거실 가운데에는 조부모님의 유품인 십자가가 걸려 있다. 이 십자가를 바라볼 때마다 장대비가 쏟아지던 그날, 묵묵히 밭으로 일하러 가시던 할머니의 모습이 떠올라 가슴이 뭉클해진다. 할머니께서 몸소 실천하신 성실함과 절약을 알기에 작은 것도 함부로 쓸 수 없다.

나는 지난 22년 동안 쉼 없이 전공과 관련된 디자인 업무를 해왔고, 집값이 오르든 내리든 아랑곳하지 않고 부동산을 꾸준히 매수했다. 내 삶의 태도 또한 어쩌면 할머니가 물려주신 '땅을 모으는 철학'에서 비롯된 것이 아닐까 싶다.

"티끌은 모아봤자 티끌일 뿐이다?"

푼돈 모아봐야 푼돈이라 생각하는 사람들도 많다. 하지만 나는 그렇게 생각하지 않는다. 티끌을 모아본 사람만이 불필요한 지출을 통제할 수 있고, 결국엔 목돈을 만들 수 있다.

티끌로 태산을 만드는 것은 어렵지만, 티끌을 모아 '작은 언덕'을 만드는 것은 충분히 가능하다. 그리고 그 '작은 언덕'은 시간이 지나면 인생의 튼튼한 기반이 되고, 성공의 큰 발판이 되어준다.

최근에는 휴대전화 앱을 통해 돈을 모으는 재테크, 이른바 '앱테크'가 유행이다. 1원, 10원 단위의 리워드를 모아 현금이나 기프티콘으로 바꾸는 방법인데 '디지털 폐지 줍기'라는 별명으로도 불린다.

앱으로 1원, 10원의 돈을 모으는 작은 습관도 꾸준히 하면 의미 있는 결과를 만들어낸다. 처음엔 나도 앱테크는 시간 낭비라 생각했지만, SNS에서 앱테크를 소개하는 콘텐츠를 자주 접하면서 호기심에 시작하게 되었다.

네이버 블로그에 글을 써서 받는 애드포스트 수입과 걷기 앱, 설문조사 앱, 토스 만보기 등으로 모은 **소소한 앱테크 보상들을 합쳐보니 지난 4년간 무려 150만 원이 넘는 돈을 모을 수 있었다.**

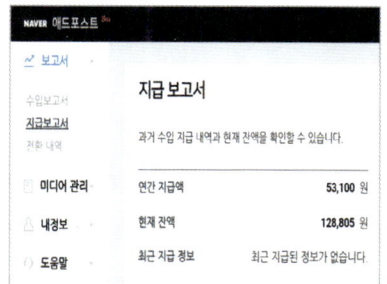
네이버 애드포스트 수입

경기도 기후행동기회소득 앱 적립금

엠브래인 패널파워 앱 적립금

토스뱅크 앱 적립금

    이런 경험들이 내게 가르쳐준 것은 "작은 것을 소중히 여기는 습관이 결국 큰 자산을 만든다"는 것이다. '검소한 DNA'는 앞으로도 변하지 않을 내 인생의 뿌리다.

부자들은 얼마나 비싼지가 아니라 얼마나 싸게 샀는지 자랑한다

성공적인 투자를 위해 꼭 많은 돈을 벌어야 하는 것은 아니다. 그보다 더 중요한 것은 불필요한 소비를 통제해서 돈이 새어나가지 않게 절약하는 습관을 들이는 것이다.

돈이 어디서 어떻게 새어나가는지 점검하고, 그 새는 틈을 막아서 모은 돈을 미래를 위한 자산에 투자해야 한다. 이러한 태도가 단단한 '부의 기반'을 만들 수 있다.

2014년 내가 37세였을 때 순자산이 3억 5,000만 원으로 현재 돈의 가치로 약 9억 원에 해당하는 수준이었다. 하지만 나는 그 금액으로 만족하지 않았다.

물론 결코 적은 자산은 아니었다. 하지만 나는 거기에서 멈추지 않았다. 혹시라도 그때 "비슷한 나이의 또래보다 잘살고 있다"는 자만에 빠져 소비 수준을 높였더라면, 현재의 자유는 누릴 수 없었을 것이다. 내 집 한 채를 대출 없이 마련했다는 안도감에 소비 수준을 늘렸다면, 지금도 여전히 직장에 다니며 내 소중한 시간을 돈과 맞바꾸는 삶을 살고 있었을 것이다. 한 번 늘어난 소비 수준을 다시 줄이는 일은 자산을 늘리는 것만큼 어려운 일이다.

나는 3억 5,000만 원의 자산에 만족하지 않았고 검소한 생활을 유지하며 모은 돈을 부동산이라는 자산으로 바꿔나갔다. 그 자산에서 내가 일하지 않아도 현금 흐름이 매달 나오는 시스템을 만들었다.

그 결과, 11년 후 나의 순자산은 3억 5,000만 원에서 21억 원으로 늘어났다.

절약을 하는 것은 부끄러운 것이 아니다. '구두쇠', '자린고비', '스크루지' 같은 단어는 절약하는 사람에게 인색하다는 부정적인 이미지를 갖게 하지만, 나는 그런 시선은 신경 쓰지 않았다.

회사 동료나 주변 사람들도 내가 어제 무슨 옷을 입었는지, 어떤 가방을 들었는지조차 기억하지 못한다. 남의 겉모습과 소비에 대해 뒷말하는 사람은, 검소한 사람에게 "구두쇠 같다"고 하고 사치스러운 사람에게는 "낭비가 심하다"고 말할 것이다.

중요한 것은 타인의 평가가 아니라, 내 삶을 스스로 자유롭게 설계할 수 있는 '내 삶의 태도'다.

내 주변의 부자들은 '돈을 얼마나 많이 썼는지' 자랑하지 않고 '어떻게 아끼고 모았는지'를 더 자랑스러워한다. 검소함이 습관이 된 사람만이 큰돈을 벌었을 때 그 돈을 지킬 수 있다.

2024년 3월, 나는 직장에서 퇴사했다. 퇴사한 지 1년이 지난 현재의 현금 흐름은 매월 250만 원이지만, 퇴사 당시 현금 흐름은 부동산 월세와 예금 이자를 합쳐 170만 원 남짓이었다.

많은 사람이 "이정도 돈으로 어떻게 직장에서 은퇴를 할 수 있느냐"고 물었다. 하지만 나에게는 **절약하는 습관이 만들어준 강한 생활력이 있었다.** 이 정도의 수입으로도 충분히 잘살 수 있는 방법을 알고 있었다. **절약은 나를 파이어족으로 만들어준 '생존 근육'이었다.** 절약하는 습관이 있었기에 나는 매일 출근을 해야 하는 삶에서 탈출해 내가 원했던 삶을 살아가고 있다.

2장

왕초보도 당장 시작할 수 있는
소형 부동산 투자 첫걸음

주식보다 부동산 투자를 선택한 이유
- 직장인도 가능한 부동산 투자

첫 직장에서 일할 당시 주식 투자에 관심을 갖고 있던 직장 동료들이 많았다. 당시에도 삼성전자 주식은 항상 화제였고 주식 투자로 수익을 본 사람도 있었지만, 반대로 큰 손실을 입은 사람도 있었다.

직장 동료들이 근무 시간 내내 주식 수익률을 확인하느라 본업에 집중하지 못하는 모습을 자주 목격하면서 '내 성격과는 주식 투자가 맞지 않겠구나' 하는 생각이 들었다. 나 역시 하루에도 수십 번씩 수익률을 들여다볼 것이 뻔했기 때문이다.

반면, 부동산은 단기적인 시세 변동이 크지 않기 때문에 매일 신경을 쓰지 않아도 되는 자산이었다. 부동산 투자의 그런 부분이 나에게는 큰 장점으로 다가왔다.

퇴사 이후에는 오히려 자산 비중이 부동산에 너무 치우쳐 있다는 생각이 들어 올해부터 주식 투자를 시작했다. 그랬더니 역시나 예상대로였다. 하루에도 여러 번 증권사 앱을 들여다보고 수익률을 확인하고 있는 내 모습을 보며 '직장 다닐 때 주식 투자를 했더라면 본업에 큰 지장을 주었겠구나' 하는 생각이 들었다.

주식은 매도하기 전까지 실현 수익이 아니고 변동성도 너무 크다. 주식이 조금 올랐다고 백화점에서 고가의 화장품과 옷을 사는 선배들을 보며 주식에 대한 부정적인 인식도 갖게 되었다.

게다가 내 주변에는 주식으로 큰 부를 이룬 사람이 없었다. 하지만 부동산 투자로 자산을 많이 모은 사람들은 많았다. 물론 세상에는 주식으로 큰돈을 번 사람들도 있겠지만, 우리나라에서는 부동산 투자로 돈을 번 사람들의 비중이 훨씬 더 많다.

무엇보다 내가 알고 있던 부자들은 강남에 아파트를 갖고 있었다. 그래서 나도 강남 아파트에 대한 로망이 저절로 생겼다.

많은 사람이 다주택 임대사업은 '시간과 노동력이 많이 드는 일'이라고 생각한다. 하지만 내 경험은 달랐다. 직장 생활 중에도 부동산 매수·매도, 임대차 계약은 퇴근 이후나 주말 시간을 활용했고, 임차인_(임대차 계약에서 돈을 내고 빌려 쓰는 사람)_의 이사와 신규 입주 날짜에는 내가 직접 가지 않고 공인중개사에게 위임하여 처리했다.

부동산의 시설물 수리가 필요한 경우에는 임차인이 직접 수리하고 나에게 비용을 청구하라고 하거나, 집수리를 해주는 업자와 임차인이 직접 일정을 조율해서 수리를 하게 한 뒤 나는 비용만 송금했다.

지금도 7채의 집을 임대 중이지만 2025년 한 해 동안 발생한 집의 수리가 필요한 경우는 단 한 건, 싱크대 수전 교체(12만 원)가 전부였다. 대부분의 문제는 돈으로 해결이 가능했고 내가 직접 방문하거나 내가 직접 수리를 해줘야 할 일은 전혀 없었다.

직장 생활과 부동산 투자를 병행 하면서 부동산 투자 때문에 본업에 지장을 준적은 없었다. 하지만 우리 사회에는 '다주택자=사회악'이라는 부정적인 시선이 분명히 존재한다. 불특정한 다주택자를 가리켜 이런 말을 대놓고 했던 상사도 있었다.

"집값을 올리는 주범은 다주택자다."
"법으로 집 여러 채를 못 사게 해야 한다."

그래서 나는 퇴사할 때까지 내가 여러 채의 집을 소유하고 있다는 사실을 회사 사람들에게 한 번도 말한 적이 없었다. 직장을 계속 다니고 있었다면 유튜브 출연도, 책 출간도 어려웠을 것이다.

2022년 임대업으로 27억 자산을 모은 환경미화원 유튜버가 자신의 직업과 자산, 고급 외제차 보유 상태를 공개했다가 이 사람을 해고하라는 민원이 빗발쳤다는 기사를 본 적이 있다. (환경미화원은 지자체별로 명칭이 다르며, 서울시에서는 '환경공무관'이라 부른다. 참고로 임대업은 겸직 위반이 아니다.)

내가 다녔던 직장 역시 분위기가 크게 다르지 않았다. 만약 내가 이전 직장 동료들에게 "부동산 임대를 통해 지금까지 총 10채를 사고팔아 자산을 불렸다"고 말했다면, 임대업이 불법이 아님에도 불구하고 주변의 시기와 질투로 나의 직장 생활은 결코 순탄하지 않았을 것이다.

직장에서는 자산을 숨기는 것이 생존 전략이다. 물론 재직 당시에는 실거주 중인 아파트 한 채를 소유하고 있다고 밝혔지만, 돌이켜 생각하면 그조차 말하지 말걸 그랬다는 생각이 든다. 그마저도 괜히 신경이 쓰였고, 그냥 전세나 월세로 살고 있다고 둘러대는 편이 훨씬 좋았을 것 같다고 후회했다. 로또에 당첨되면 절대 그 사실을 알리지 말라는 얘기가 있다. 주식의 신들도 같은 조언을 한다. 부동산도 마찬가지다. 자신의 투자 상태를 남에게 알리지 마라.

직장이라는 조직 안에서 '잘된 사람에 대한 질투'는 자연스러운 감정이다. 특히 상사나 동료보다 내 자산이 많다는 사실을 드러내서 나에게 득이 될 일은 전혀 없다. 나보다 잘된 사람에게 시기하고 질투하는 마음은 인간의 본능이다. **직장에는 내가 가진 자산을 철저하게 숨기는 것이 현명하다.**

유명 연예인이 빌딩 투자로 수익을 올렸다는 기사에조차 시기와 질투로 가득한 댓글이 달리는 세상이다. 직장에서 부동산이나 재테크와 관련된 이야기가 나와도 투자에 무지한 척, 조용히 듣고 대화에 참여하지 않는 것이 현명한 대응이다.

투자가 처음일수록
작은 부동산으로 시작하자

투자를 이제 막 시작하려는 초보자나 소득 수준이 낮은 사회 초년생이라면, 주식보다 부동산부터 시작하는 것이 훨씬 안전하다고 말해주고 싶다. 내 경험상 소득이 낮을수록 리스크에 대한 회복력이 적기 때문에 초기에는 가격 변동성이 낮은 부동산을 통해 안정적으로 자산을 축적한 뒤, 그 기반 위에 주식 등 금융 자산을 추가하는 것이 현명한 재테크 전략이다.

주식 투자는 언제든지 시작할 수 있다. 하지만 든든한 기반이 되는 자산이 없는 상태에서 주식 투자는 꾸준히 하기가 어렵다.

무엇보다 주식 투자의 가장 큰 한계는 '레버리지'를 충분히 활용하기 어렵다는 점이다.

 **부동산 용어 설명**

✓ **레버리지** leverage

대출이나 타인의 자본을 지렛대레버리지처럼 활용해, 자기 자본의 이익률을 높이는 방식.

주식 투자에서 수익을 내기 위해서는 좋은 타이밍에 싼 가격으로 매수를 하는 것도 중요하지만, 더 중요한 것은 내가 보유한 주식의 수량, 즉 투입할 수 있는 자본의 규모다.

레버리지를 활용하기 어려운 주식 투자에서는 자기 자본이 충분히 확보되어 있어야 의미 있는 수익률을 거둘 수 있다. 투자금이 너무 적다면 아무리 높은 수익률이라 해도 실제 내 손에 쥐는 수익에는 한계가 있을 수밖에 없다.

반면, 부동산 투자에서는 임차인의 전세금을 이용하는 '갭투자'라는 레버리지를 잘 활용할 수 있다.

전세가 끼어 있는 아파트를 매입하면 당장은 그 집에 거주할 수는 없지만, 내가 갖고 있는 자본보다 더 큰 자산을 보유할 수 있게 된다. 부동산 시장의 상승기에 투자한다면 상당한 시세 차익도 기대할 수 있다. 자기 자본이 많지 않은 투자자 입장에서 아파트

'갭투자'만큼 매력적인 투자 방식은 거의 없다. (갭투자에 대한 우려와 문제에 대해서는 다음 장에 설명하겠다.)

 **부동산 용어 설명**

✓ **갭gap투자**

주택 매매가와 전세금의 차액(갭)만으로 부동산을 매입하는 투자 방식. 전세 세입자의 보증금이 자연스럽게 '지렛대' 역할을 한다.

아파트는 시세 변동폭이 크지 않아 가격 변동이 큰 주식보다 심리적으로 훨씬 안정감 있는 투자 대상이다.

사고팔기가 쉬운 주식과 달리 아파트는 매수·매도를 빈번하게 할 수 있는 자산이 아니기 때문에 한 번 매수를 하게 되면 강제적으로 장기간 보유하는 구조가 된다. 서울과 수도권처럼 인구가 꾸준히 유입되는 지역의 아파트는 장기적으로 우상향하는 경향이 뚜렷하기 때문에 강제적으로 장기간 보유가 가능한 부분은 장점이다. 좋은 입지의 부동산에 투자를 해놓고 장기간 보유한다면 안정적인 자산 상승을 기대할 수 있다.

하나은행 《대한민국 웰스 리포트》에 따르면, 금융 자산 10억 원 이상을 보유한 부자들이 2024년 추가 투자 의향이 가장 높은 자산으로 꼽은 1순위는 바로 '부동산'이었다.

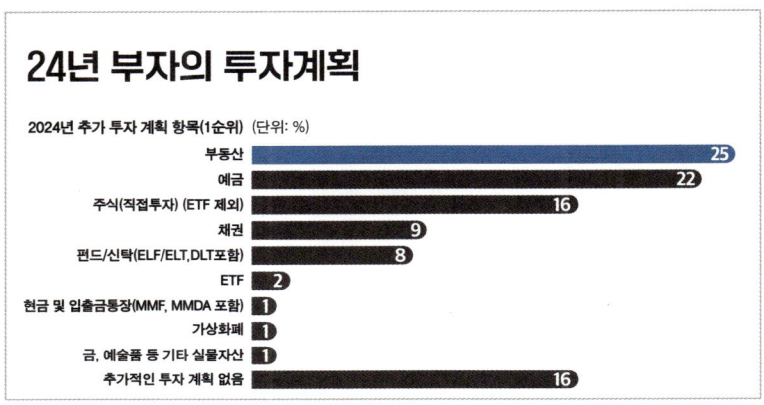

2024 하나은행 《대한민국 웰스 리포트》 중 부자의 투자 계획

이 자료에 따르면, 부자들은 실물 자산인 부동산이 금융 자산보다 더 안전하다고 인식하고, 부동산을 자산 방어의 핵심 수단으로 신뢰하고 있다. (2025년도에는 좀 더 신중하게 '때'를 기다리며 금융 투자를 다각화하겠다는 의견이 더 많았다.)

아파트 투자가 주식보다 낫다는 것은 전적으로 내 개인적인 투자 경험에서 비롯된 것일 뿐, 모든 사람에게 정답이 될 수는 없다. 누군가는 나처럼 부동산 투자에 관심이 더 많을 수도 있고, 누군가는 부동산보다 주식 투자에 더 강점을 가지고 있을 수도 있다.

결국 중요한 것은 '내게 맞는 투자 방식'을 찾아내는 것이다.

부동산 투자는 아래 세 가지 측면에서 주식보다 훨씬 쉬웠다.

1. 정보를 수집하는 접근성
2. 심리적 안정감
3. 직장과 병행할 수 있는 효율성

그래서 자연스럽게 부동산 투자에만 집중했고, 자산의 대부분을 부동산 투자로 만들 수 있었다. 하지만 돌이켜보면 주식, 달러와 같은 금융 투자를 통한 자산 분산이 부족했던 부분은 아쉽게 생각하고 있다.

가장 이상적인 투자 방식은 초기에는 아파트 투자를 통해 일정 규모의 자산을 형성해놓고, 그 이후에는 주식이나 금융 상품 투자로 분산 투자를 하는 것이 아닐까. 아파트 투자는 초기 자산의 규모를 빠르게 형성하는 데 효과적이며, 주식은 장기적인 현금 흐름과 자산 성장의 가속도를 더할 수 있는 수단이 되기 때문이다. 결국 부동산과 금융 자산을 균형 있게 보유하는 것이 장기적이고 안정적인 자산을 형성할 수 있는 구조의 핵심이다.

갭투자를 활용하되
역전세를 대비하라

최근 몇 년간 일부 신축 빌라와 오피스텔을 중심으로 전세가와 매매가가 거의 차이가 없는 물건을 자기 자본 없이 대량 매수해서 임차인의 전세금을 돌려주지 않는 전세 사기가 사회 문제로 떠올랐다.

이로 인해 '갭투자'라는 투자 방식 자체가 위험한 투자 방식처럼 인식되는 경우도 있다. 하지만 문제가 되는 건 갭투자 자체가 아니라, 그 방식을 악용한 일부 사기꾼들이다.

이 책을 읽는 독자 여러분 중에서도 다주택자가 임차인의 전세금을 이용해 돈을 버는 갭투자 방식에 대해 불편함을 느끼거나 위험하다고 생각하는 사람이 있을지도 모른다. 하지만 임차인의 입장에서도 전세를 선택할 수 있다는 점을 기억해야 한다. 전세는 시장의 수요와 공급에 의해 임차인 스스로 선택한 제도다. 전세가 임차인에게 불리한 조건이라면 월세를 선택할 것이고 전세 제도는 역사 속으로 사라질 것이다.

만약 갭투자를 못하도록 규제한다면 전세를 공급할 수 있는 임대인도 줄어들게 된다. 그 결과, 임차인들은 전세보다 훨씬 더 비싼 비용이 들어가는 월세를 선택할 수밖에 없다.

모든 사람이 처음부터 내 집을 마련할 수는 없다. 전세는 내 집 마련을 하기 전까지의 주거 비용을 줄여주고, 서민들이 목돈을 모을 수 있도록 해주는 '징검다리' 역할을 해왔다.

만약 우리나라에서 전세 제도가 사라지게 된다면 외국처럼 수백만 원에 달하는 비싼 월세를 지불하며 살아야 하는 시대가 올 수도 있다. 그렇기 때문에 '제도를 악용한 사기'와 '갭투자'를 구분해서 바라볼 필요가 있다.

갭투자는 전세 제도에서 나의 자본이 아닌 임차인의 자본을 통해 더 큰 자산을 소유할 수 있는 투자 방법이며, 이런 투자 방법을 올바르게 잘 활용하면 임차인과 임대인 모두에게 실질적인 도움이 될 수 있다.

하지만 갭투자의 리스크도 분명히 존재한다.

1. 전셋값 하락으로 임차인에게 보증금을 돌려줘야 하는 '역전세' 리스크
2. 수요보다 공급이 많은 지역에 투자해 임차인을 구하지 못하는 공실^{사용하지 않는 빈방} 리스크

이러한 상황이 발생할 확률은 드물긴 하지만 투자를 하면서 언제든 겪게 될 수 있다. 평생 지속 가능한 부동산 투자를 하기 위해서는 여유 자금으로 감당할 수 있는 구조를 짜놓아야 한다.

우리나라의 전세 제도는 굉장히 오래된 역사를 가지고 있다. 조선 시대 양반들도 한양에 집이 부족해 전세살이를 했다는 기록이 남아 있다. 조선의 대학자 퇴계 이황 선생 역시 한양으로 벼슬하러 올라왔을 때 집을 장만하지 못해서 전세를 살았다고 한다. (출처: 조미덥·주영재 기자, '전세난의 역사… 서울로 벼슬하러 온 퇴계 이황도 전셋집 살았다', 〈경향신문〉 기사 참고)

> "한양의 셋집에 동산 뜰이 비었더니
> 해마다 울긋불긋 온갖 꽃이 피어나네."
>
> 《퇴계선생문집》 중에서

이처럼 전세 제도는 오랜 세월을 거쳐 자리 잡은 우리나라 고유의 주거 형태다. 그러므로 갭투자에 대해 편견을 갖고 바라보지 않았으면 한다.

물론 투자자 입장에서는 명심할 점도 있다. 선량한 투자자와 전세 사기범은 한 끗 차이다. 욕심을 부려 감당할 수 없을 정도로 무리해서 갭투자를 한다면, 자신이 의도하지 않았어도 임차인의 전세금을 돌려주지 못하는 상황이 될 수도 있다. 즉, 전세 사기범이 될 수도 있다. 항상 여유 자금으로 감당 가능한 범위 내에서 투자를 해야 한다.

부동산 투자에는 다양한 종류가 있다. 상가, 토지, 오피스텔, 지식산업센터 투자도 있지만, 그중 아파트 투자는 잘 알려져 있듯이 일반인이 가장 쉽게 접근할 수 있는 분야다. 아파트 투자는 실제 거래되는 금액에 대한 정보의 접근이 쉽고 대중적으로 인기 있는 주거 공간이기 때문에 다른 부동산보다 환금성^{현금화}이 좋다. 집값이 오르지 않아도 직접 거주하거나 월세 수익으로 활용하는 것도 가능하다.

나도 한때는 경매를 통해 아파트를 더 저렴하게 사는 방법을 고민해본 적 있었다. 하지만 직장을 다니며 경매에 대해 공부를 하고, 낙찰을 위해 법원에 출석하는 것은 시간과 체력이 필요한 일이었다. 무엇보다 경매는 낙찰 후 임차인을 내보내는 과정(명도, 점유자 퇴거 등)이 스트레스로 다가왔고, 수익률이 좀 낮더라도 편하고 쉬운 투자 방식을 원하는 내게 갭투자는 꾸준히 지속할 수 있는 투자였다.

작은 집이라도 내 집 한 채는 꼭 필요하다

부동산 투자가 중요하다는 건 알고 있지만 막상 '내 집 마련'을 하지 못한 채 막연히 어렵게 생각하는 사람들 많다. 선뜻 내 집 마련을 결심하지 못하는 이유는, 소득이 적어서 포기하거나 투자에 조심스럽거나 남들이 선호하는 비싸고 좋은 집을 꿈꾸기 때문이다.

하지만 관점을 조금만 바꾸면, 나처럼 대기업에 다니지 않고 소득이 높지 않아도 수도권에서 충분히 매수할 수 있는, 저렴하고 투자 가치가 있는 아파트는 여전히 많다.

서울 도봉구에 위치한, 준공 1996년 총 2,400세대 대단지 아파트의 59㎡ 공급면적 25평 실거래가는 현재 4억 2,000만 원 수준이다.

이 정도면 서울 시내 대부분의 아파트 전세금보다도 낮은 수준의 집값이다. 하지만 아파트의 입지가 서울 외곽이고, 연식이 오래되었다는 이유로 많은 사람이 이런 아파트는 사고 싶지 않은 곳으로 취급한다.

계약	일	정보	가격 ↓	타입	거래동	층
24.10	05	등기	매매 4억 2,000	59	113동	13층
	01		매매 4억 3,300	59		9층
24.07	17	등기	매매 4억 3,300	59	106동	16층
24.05	19	등기	매매 4억 3,700	59	113동	8층
24.02	17	등기	매매 4억 4,450	59	106동	11층
24.01	24	등기	매매 4억 4,000	59	106동	10층

서울 도봉구의 한 대단지 아파트 59㎡ 실거래가 (출처: 아파트실거래가 앱)

여기서 내가 말하고 싶은 것은 '이런 아파트를 사라'는 뜻이 아니라, **서울에도 전세금 수준으로 내 집 마련이 가능한 아파트가 많이 존재한다**는 점을 보여주기 위한 예시다.

입지가 좋은 지역의 비싼 아파트가 더 많이 오르는 건 '국룰'이다. 예전이나 지금이나 부동산 시장의 기본 원리는 변하지 않았다. 가격이 저렴한 아파트의 상승률은 더딜 수밖에 없고, 소위 강남 3구^{강남·서초·송파}, 마용성^{마포·용산·성동}과 같이 입지가 우수한 지역의 비싼 아파트가 집값 상승률이 더 높다.

누구나 사고 싶은 아파트를 사지 못한다면 그냥 포기하는 것이 낫다고 생각하기보다 **소득이 낮을수록 '내 형편에 맞는 집'을 일찍 마련하는 것이 장기적으로 더 현명한 선택일 수 있다.** 비록 마음에 들지 않는 집일지라도 **'내 명의의 집을 가지고 있다는 안정감'**은 주거 불안정에서 오는 스트레스를 줄여줄 수 있다.

처음에는 입지 조건이 만족스럽지 않을 수 있지만, 내 집을 보유함으로써 얻게 되는 안정감은 단순한 심리적 만족을 넘어선다. 남들보다 더 일찍 내 집 마련을 하면 장기적으로는 주택 가격 상승에 따른 시세 차익을 얻을 수 있고, 전월세 주거 비용의 지출을 줄여줄 수도 있다.

소득이 높은 사람은 저축을 하는 속도가 빠르기 때문에 시간이 지나도 투자 가치가 좋은 입지의 주택을 매수할 수 있는 여력이 충분하다. 하지만 소득이 낮은 사람은 많은 사람이 선호하는 지역의 집을 사기 위해 몇 년씩 돈을 모으다 보면, 오히려 계속 오르는 전세금만 감당하며 시간을 낭비할 수 있다.

내 집을 일찍 마련하는 것은 다음 투자로 나아갈 수 있는 가장 기본적인 '첫걸음'이다. 처음으로 내 집을 사보는 경험을 하게 되면 '돈에 대한 태도'부터가 달라진다.

1. 대출이 생기고,
2. 자산에 대한 개념이 생기고,
3. 투자에 대한 관심이 자연스럽게 생긴다.

주거가 안정이 되면 다음 단계의 투자에 대해 고민할 수 있는 여유도 생긴다.

내 집 마련을 일찍하면 할수록 좋다고 조언하면, "지금 집을 사면 청약 당첨의 기회가 사라지지 않느냐"고 묻는 사람도 있다. 물론 청약도 내 집 마련을 하기 위한 좋은 제도이지만 현실은 냉정하다. 서울과 수도권의 인기 있는 지역의 청약은 분양 가격도 비싸고 경쟁률은 하늘을 찌른다. 청약 당첨으로 내 집 마련을 할 수 있는 기회는 소수에게만 주어졌다.

- 경기도 광명시 59㎡ 신축 아파트의 분양가는 8억 원을 훌쩍 넘었고,
- 서울 영등포구 당산동의 같은 면적 신축 아파트의 분양가는 무려 14억 원 이상이다.

(이 당산동 아파트의 평균 청약 경쟁률은 290:1이었다.)

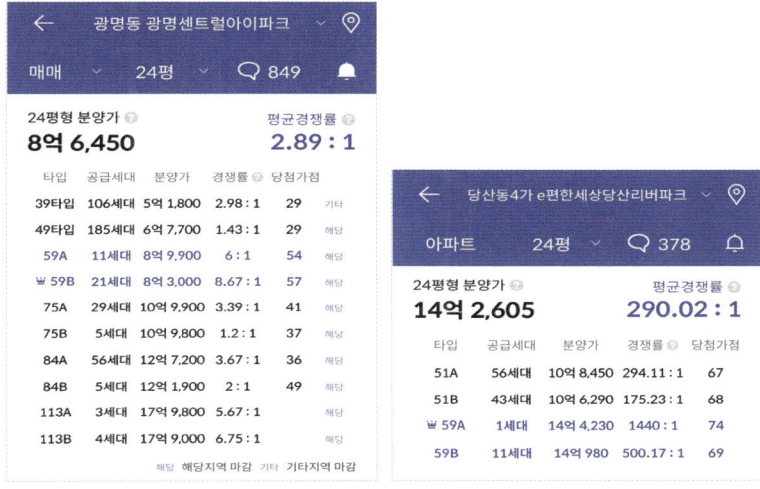

신축 59㎡ 아파트 분양가 (왼쪽) 경기 광명시 (오른쪽) 서울 영등포구 당산동 (출처: 호갱노노 앱)

혹시라도 청약에 당첨될지도 모른다는 기대감에 계속 전세만 살다가는 청약과 내 집 마련 모두 놓치는 상황이 벌어질 수 있다. 누구나 선호하는 '좋은 집'보다 내 형편에 맞는 '내 집'이 먼저다.

누구나 좋은 집에 살고 싶다는 욕망이 있지만 현재 나의 소득과 자산 수준을 냉정하게 바라보지 않는다면, 시간만 계속 낭비하고 내 집 마련을 할 수 있는 기회는 점점 멀어진다.

비록 입지가 다소 떨어지고, 연식이 오래된 집일지라도 내 수준

에 맞는 내 집 한 채를 마련하는 것, 그것은 내 자산을 형성할 수 있는 가장 강력한 첫걸음이 될 수 있다.

나도 한때는 내 집 마련의 꿈이 멀게만 느껴지던 무주택자였다. 월급은 빠듯했고, 전세 계약을 갱신할 때마다 서울 집값의 고공행진에 우울감과 무력감을 느꼈다. 내 명의의 집문서를 갖는다는 것은 꿈에 가까운 이야기였다.

그런 내가 17년이 넘는 시간 동안 부동산 투자에만 집중한 결과 지금은 투자한 집에서 나오는 월세와 주식 배당금으로 시간의 자유를 누리는 파이어족이 되었다. 가끔은 내 월급으로 이 모든 자산을 만들었다는 것이 믿기지 않기도 한다.

하지만 내 인생의 변화는 '처음으로 투자했던 아주 작고 보잘 것 없는 집 한 채'에서 시작되었다. '완벽한 집'이 아닌 '가능한 집'부터 시작한다면 당신도 할 수 있다.

투자도 운동처럼 꾸준함이 답이다

부동산 투자도 '운동'과 매우 비슷하다. 직장에 다닐 때는 늘 바쁘고 피곤하다는 핑계로 운동은 '시간적 여유가 있을 때 하는 것'이라 생각했고, 결국 늘 뒷전으로 미뤘다. 하지만 퇴사 후에는 아파트 헬스장에서 조금씩 운동을 시작했고, 지금은 매일 규칙적인 운동을 하고 있다. 그중에서도 내가 가장 즐겨 하는 기구는 '천국의 계단'이라 불리는 '스텝밀'StepMill이다.

처음 이 운동 기구를 시작했을 때는 10분만 해도 숨이 턱까지 차올라 빨리 내려오고 싶다는 생각만 들었다. 하지만 한 달쯤 꾸준히 하니 30분도 거뜬해졌다. 예전에는 불가능하다고 느낀 강도도 점점 익숙해졌고, 이제는 700칼로리 소모도 무리 없이 달성하고 있다.

여기서 얻은 중요한 교훈은 다음과 같다.

1. 짧은 시간 안에 높은 강도로 원하는 모든 것을 해내겠다는 마음은 오히려 독이 된다.
2. 꾸준히 지속 가능한 속도로 가는 것이 진짜 실력이다.

아파트 헬스장에서 하고 있는 운동 기구 스텝밀. 부동산 투자는 운동과 비슷해서 욕심을 내기보다 꾸준히 하는 것이 중요한 것 같다.

만약 처음부터 너무 높은 강도로 운동을 시작했다면 꾸준히 운동하는 것을 포기해버렸을 것이다. 운동의 강도를 낮추고 천천히, 그러나 꾸준히 지속하는 방식을 선택했더니 체력적으로 큰 부담 없이도 많은 칼로리를 소모하는 목표를 달성할 수 있었다.

투자도 마찬가지다. **처음부터 큰 수익을 바라고 무리하게 시작하기보다 자신의 페이스를 유지하며 오랫동안 꾸준히 실천하는 것이 결국 큰 성과를 만든다.**

사람들은 종종 "젊을 때 근육을 만들어놓아야 노년에도 건강하다"고 말한다. 근육은 나이가 들수록 유지하기가 어렵기 때문에 젊을 때부터 꾸준히 운동하며 체력을 쌓아두는 것이 중요하다.

마찬가지로, 근육을 저축하듯 자산도 저축해놓아야 한다. 젊었을 때부터 벌어들인 **소득을 꾸준히 투자해 현금이 아닌 '우량한 자산'으로 바꿔두는 일은 노후의 삶을 풍요롭고 여유롭게 만드는 핵심 투자 전략**이다. 여기서 말하는 '우량 자산'이란 **부동산, 배당주, 임대 소득의 '현금 흐름'이 나오는 자산**을 의미한다.

꾸준한 운동이 어렵듯 꾸준한 투자도 마찬가지로 쉽지 않다. 날씨가 덥다고 운동을 미루고, 춥다고 나가기 싫어하고, 날씨가 좋으면 놀러 나가고 싶어지는 것이 사람의 마음이다. 이처럼, 투자 역시 수많은 핑계와 유혹으로부터 흔들리기 쉽다.

"지금은 당장 투자할 여유가 없어."
"요즘 집값이 너무 올랐어. 지금은 투자할 타이밍이 아니야."

우리는 당장 투자를 하지 않아야 할 핑계를 너무 잘 만든다. 이런 생각으로 젊은 시절 투자를 하지 않고 시간을 낭비한다면, 은퇴 이후 노년에도 어쩔 수 없이 생계를 위한 일자리를 전전하게 될 가능성이 높다.

투자 습관도 '근육'처럼 길러지는 것이다. 처음에는 어려워도, 장기적인 목표로 '투자는 평생 해야 하는 것'이라는 인식을 가지고 소액부터 차근차근 실천해나가면 투자도 점점 익숙해진다. 투자에 대한 감각과 습관은 마치 근육처럼 서서히 붙는다. **투자가 익숙해지면 오히려 재미있는 '취미 생활'이 된다.**

처음부터 완벽한 투자, 완벽한 타이밍은 존재하지 않는다. 그런 생각은 오히려 투자의 시도조차 막는 장벽이 될 뿐이다.

조금 부족하더라도 내 수준에 맞는 첫 집부터 투자를 시작하면 경험이 쌓이고 언젠가는 실패조차 내 자산이 되는 날이 온다. 나는 그렇게 부동산 투자를 시작했고, 나만의 투자 실행 방법을 공유하기 위해 이 책을 썼다.

처음 글을 쓸 때는 한 줄도 쓰기 어려웠고 중간에 포기하고 싶은 마음도 들었다. **하지만 투자에서 배웠듯 실패도 경험이고, 경험이 결국 자산이 된다. '잘하려는 마음'보다 '포기하지 않는 실행'이 중요하다.**

부동산은 언제 사야 할까?
- 집을 사는 가장 좋은 타이밍

수도권 아파트의 가격은 장기적인 흐름을 보면 아래 그래프와 같이 꾸준히 '우상향'을 해왔다. 하락 구간이 없었던 것은 아니지만, 그 기간은 대체로 짧았고 상승 구간은 훨씬 더 길고 가파르게 나타났다.

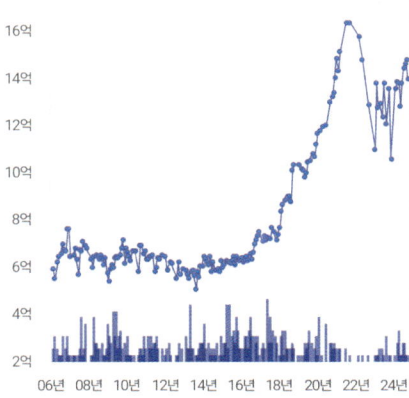

2006년~2024년 수도권 아파트의 가격 흐름
(출처: 아파트실거래가 앱)

누구나 최저점에서 아파트를 매수하길 원하지만, 실제로 그 시점을 정확히 예측하기란 매우 어렵다.

부동산 가격은 여러 복합적인 요소에 따라 움직인다.

1. 정부 정책
2. 수요와 공급
3. 시장 심리
4. 은행 금리 등

집을 한 번도 사본 적 없는 무주택자가 이러한 복합적인 요인을 모두 고려해 '지금이 바닥이다'라는 판단을 내리기는 현실적으로 불가능에 가깝다. **집을 사기에 가장 좋은 타이밍은 '내가 투자할 자금이 충분하고, 마음의 준비가 되어 있을 때'다.**

많은 부동산 전문가는 앞으로 부동산 시장이 더욱 양극화될 것이라고 전망한다. '강남 3구'와 '마용성' 같은 인기 지역만 가격이 오를 것이라는 분석도 자주 언급된다.

이런 이야기를 들으면, '이제는 강남 아파트가 아니면 부동산으로는 돈을 못 버는 거구나'라는 생각이 들 수도 있다. 하지만 아파트 투자로 돈 벌 수 있는 시대는 끝났다는 얘기는 십 수 년 전부터 매년 나오고 있는 말이다.

강남 아파트가 아니면 안 된다는 생각을 버리고 투자에 임하자

하지만 실상은 다르다. 실제 실거래 데이터를 살펴보면 서울과 수도권의 저가 아파트들은 꾸준히 상승세를 보여왔다.

다음 그래프를 보면 3억 5,000만 원대의 아파트와 40억 원대 아파트의 시세 흐름이 거의 비슷한 방향으로 움직이고 있다는 것을 알 수 있다. 이 그래프는 저가 아파트라고 해서 시세 상승이 전혀 일어나지 않는 것은 아니라는 점을 명확히 보여준다.

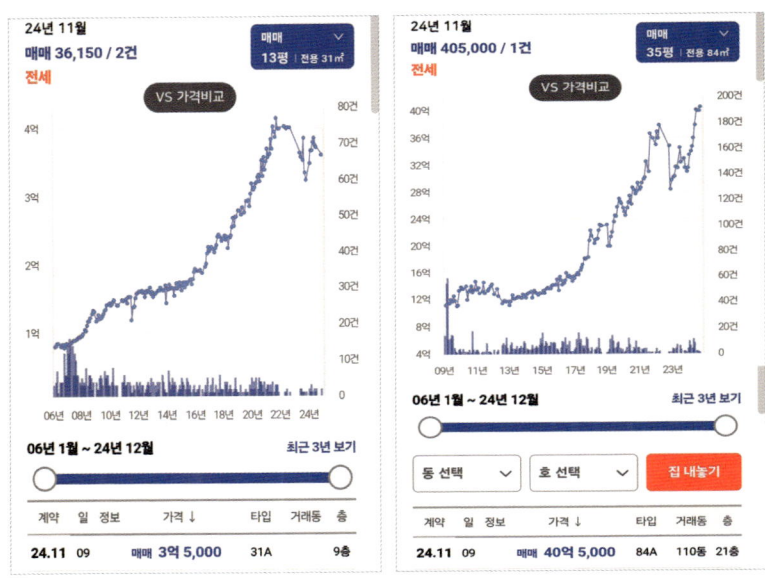

(왼쪽) 3억대 vs. (오른쪽) 40억대 아파트의 시세 흐름
(출처: 아파트실거래가 앱)

　전문가들은 '좋은 지역에 투자하라'고 조언한다. 당연히 맞는 말이다. 투자 심리가 있는 곳에 투자해야 한다. 그러고 싶지 않은 사람이 어디 있을까.

　나는 그러한 조언의 본질은 입지가 우수한 인기 지역만을 지칭하는 것이 아니라고 생각했다. 지금 자신의 여건 내에서 갈 수 있는 가장 경쟁력 있는 입지를 찾으라는 의미로 이해했다.

　모든 사람에게 강남 아파트 투자만이 정답이 되는 것은 아니라는 뜻이다. 저렴한 지역의 아파트라고 해서 투자 가치가 없는 것이 아니다.

"지금 내가 투자할 수 있는 자금 범위 내에서, 가장 좋은 입지와 조건의 아파트를 선택해라."

내가 그렇게 한 것처럼 당신도 현재의 자금력 안에서 최선의 선택을 해도 기회는 충분히 있다. 시장의 타이밍을 맞추려는 시도가 아니라, 현재 내 상황에서 할 수 있는 투자에 대한 판단을 하고 이것을 실행에 옮기는 용기가 필요하다.

그래야 좋은 타이밍을 잡을 수 있다. 부동산 시장은 항상 움직이고, 기회는 나를 기다려주지 않기 때문이다.

투자 공부보다 중요한 것은
'직접 해보는 경험'이다

많은 사람이 노후 준비의 필요성을 인식하고 있지만, 정작 행동으로 옮기지 못하는 경우가 많다. 그 이유 중 하나는 바로 '어떻게 시작해야 할지 모르겠다'는 막연함 때문이다. 특히 우리 사회는 투자 역시 먼저 충분히 공부한 뒤에 시작해야 한다는 인식이 강하다.

하지만 학원을 오래 다닌다고 해서 성적이 오르지 않듯, 투자도 책만 읽고 강의만 듣는다고 실력이 느는 것은 아니다. **'직접 해보는 경험'을 통해서 성장할 수 있다. 부동산 투자의 실전에 직접 참여해보는 순간부터 비로소 돈의 흐름, 시장의 움직임은 물론, 나 자신에 대한 이해가 깊어진다.**

최근 '임장 크루'라는 이름으로 조를 이루어 아파트 단지를 돌아다니는 모임이 유행처럼 번지고 있다. 부동산 강의 수업을 통해 만들어진 이 모임에 참여한 사람들은 수십 번의 임장에 참가하면서도 실제 부동산 매수는 하지 않는다. 일각에서는 이들의 활동이 공인중개사의 영업을 방해할 정도라는 보도도 있었다.

 **부동산 용어 설명**

✓ **임장 크루**
현장에 방문해 직접 확인한다는 뜻의 '임장'과 동일한 목적을 가진 사람들을 뜻하는 '크루'crew가 합쳐진 말로, 부동산 매물과 주변 환경을 직접 확인하기 위해 모인 집단을 의미한다.

나도 광명뉴타운에서 이러한 임장 모임을 직접 목격한 적이 있다. 조를 이뤄 단지 곳곳을 빠르게 둘러보고, 모임의 리더가 간단히 설명을 덧붙이는 방식이었다. 그러나 **이런 임장 활동이 아무리 반복된다 해도 정작 자신의 돈을 들여 부동산을 직접 계약해 본 경험이 없다면 투자 실력은 늘지 않는다.**

임장 크루 모임에 직접 참가해보고 이에 대한 기사를 작성한 기자의 경험담도 흥미로웠다. 투자에 대한 통찰은커녕, 걷기 운동

효과만 얻었다고 전할 정도였다. 물론 한두 번 정도는 현장 감각을 익히기 위해 모임에 참여하는 것도 의미가 있을 수 있지만, 부동산 강의에 돈을 쓰는 것으로 투자 공부가 된다고 생각하는 것은 위험한 착각이다. **가장 좋은 투자 공부는 직접 경험해보는 것이다.**

첫 투자는 누구에게나 두렵다. 나 역시 첫 집을 매수하기까지 수많은 고민과 불안이 있었고, 두 번째 투자 역시 마찬가지였다. 하지만 처음으로 내 이름이 적힌 등기권리증을 손에 쥐었을 때, 투자에 대한 두려움은 확신과 자신감으로 바뀌었다.

그 이후로는 부동산 뉴스에 자연스레 눈길이 가고, 여행지에서도 "이 동네 집값은 얼마나 할까?" 하는 궁금증이 생겼다. 투자에 대한 감각은 '직접 해보는 경험'을 통해 축적된다.

검소한 부자는 있어도 자기 집 한 채 없는 부자는 드물다. 부자가 되고 싶다면, 가장 먼저 해야 할 일은 내 집 마련이다. 내 집 마련은 가장 기본적이고 확실한 부의 출발점이다.

초소형 아파트도 오른다!
작은 금액으로 가능한 부동산 투자

내가 현재 보유 중인 7채의 부동산 중 6채는 '20평 미만의 초소형 아파트'와 '도시형생활주택'이다. 그중에는 16㎡ ^{공급면적 7평} 원룸형 도시형생활주택이 2채가 있고, 복도식 구조의 초소형 아파트도 2채가 있다.

이렇게 작은 평수의 주택에 여러 채 투자한 이유는 단순했다. 내 소득이 많지 않았기 때문에 큰 평수의 집을 살 수 있을 때까지 돈을 모을 수 있는 여유가 없었다. 돈이 조금 모이면 그 범위 안에서 매수 가능한 초소형 주택을 찾아 곧바로 투자를 했고, 그 선택은 결과적으로 옳았다.

물론 일반적으로 작은 평수의 집은 잘 오르지 않는다는 인식이 강하다. 그동안 투자를 하면서도 "도시형생활주택은 오르지 않는다", "요즘 세상에 복도식 아파트가 웬 말이냐, 차라리 오피스텔이 더 낫겠다"는 말을 수없이 들어왔다. 한 온라인 커뮤니티에서 어떤 사람은 복도식 구조의 아파트를 두고 "닭장 같다"며 조롱하기도 했다.

하지만 현실은 달랐다. 2017년 5억 7,000만 원에 매수했던 복도식 구조의 39㎡^{공급면적 18평} 아파트는 KB부동산 시세 기준 14억을 넘겼고, 2008년 매수해서 2024년에 매도한 32㎡^{공급면적 13평} 원룸 아파트에서는 2억이 넘는 순수익을 얻었다. 아직 매도하지 않은 6채의 초소형 주택의 시세 차익만 18억 이상이다.

그렇다고 방 3개, 욕실 2개의 전형적인 중대형 아파트보다 초소형 아파트의 투자 가치가 더 높다고 주장하려는 것이 아니다. **많은 사람이 그렇듯 나 역시 대중의 선호도가 높은 아파트에 투자할 수 있는 자금을 가지고 있는 것은 아니라는 사실을 인정했을 따름이다.**

2008년 처음 집을 사려고 고민만 하고 실행에 옮기지 못했던 시절, 불과 1년 만에 집값이 두 배 가까이 오르는 것을 목격하며 큰 트라우마가 생겼다. 통장에 돈이 쌓이면 현금 가치보다 집값이 더 오르면 어쩌나 하는 마음에 불안했다. **그래서 돈이 모이는**

족족 초소형 주택을 하나씩 사 모으는 방식으로 투자했다.

물론 그 당시에는 다주택자 취득세 중과 정책이 없었기 때문에 가능했던 투자 전략이었다. 이제는 1억 원의 주택을 구입할 때 2주택 이하는 110만 원의 취득세를 납부하고, 4주택 이상은 1,240만 원의 취득세를 납부해야 한다. 과거의 나처럼 계속해서 주택의 숫자를 늘려나가는 투자 방법은 적절하지 않다.

🔑 **부동산 용어 설명**

✓ **취득세**
부동산 등 재산 취득 단계에서 납부해야 하는 지방세

라. 부동산 취득세율(표준세율)

구분		세율
주택 유상 거래	조정지역 1주택, 비조정지역 2주택	1~3%
	조정지역 2주택, 비조정지역 3주택	8%
	조정지역 3주택 이상, 법인 취득 또는 비조정지역 4주택 이상	12%

부동산 취득세율 (출처: 서울시 ETAX)

게다가 통계청의 '통계로 보는 1인가구' 자료에서 해마다 1인 가구가 증가하고 있다는 점은 초소형 주택 투자에 대한 확신을 더욱 강하게 만들어주었다.

주택가격	예상세액		
	2주택 이하	3주택	4주택 이상
1억원	110만	840만	1240만
2억원	220만	1680만	2480만
3억원	330만	2520만	3720만
4억원	440만	3360만	4960만
5억원	550만	4200만	6200만
6억원	660만	5040만	7440만
7억원	1285만9000	5880만	8680만
8억원	2050만4000	6720만	9920만
9억원	2970만	7560만	1억1160만
10억원	3300만	8400만	1억2400만
11억원	3630만	9240만	1억3640만
12억원	3960만	1억80만	1억4480만
13억원	4290만	1억920만	1억6120만
14억원	4620만	1억1760만	1억7360만
15억원	4950만	1억2600만	1억8600만
16억원	5280만	1억3440만	1억9840만
17억원	5610만	1억4280만	2억1080만
18억원	5940만	1억5120만	2억2320만
19억원	6270만	1억5960만	2억3560만
20억원	6600만	1억6800만	2억4800만

※취득세+지방교육세 조정대상지역 외 지역, 전용면적 85㎡이하 기준   출처: 행정안전부 위택스

주택 가격별 취득세 예상 세율 (출처: 행정안전부 위택스)

2023년 기준, 국내 1인 가구는 전체 가구의 35.5%에 해당하는 782만 9,000가구에 달했다. 2022년의 750만 2,000가구에 비해 1년 새 1%p 이상 증가한 수치다. **인구는 줄어들고 있지만 독립하는 청년, 이혼, 사별 등의 이유로 1인 가구는 지속적으로 증가하고 있는 구조다.** 나 역시 독립된 1인 가구로 살고 있었기에 1인 가구에게 필요한 초소형 주택의 수요는 계속해서 늘어날 것이라고 확신했다.

나는 중소기업에 다니던 소득이 높지 않은 1인 가구였기에 서울 핵심 지역의 넓은 아파트에 투자한다는 것은 불가능한 일이었다. 그래서 투자금이 적은 초소형 주택에 집중해서 투자했고, 그 선택은 성과로 이어졌다. (내가 현재 보유하고 있는 초소형 주택들의 투자 수익 내역을 표로 정리해 공개한다.)

한번은 내 블로그에 "광명뉴타운 39㎡^{공급면적 17평} 아파트에 당첨됐는데, 평수가 작고 분양가 3억 9,500만 원이 부담스러워 계약하기가 걱정된다"는 고민의 댓글이 올라온 적이 있었다.

나는 광명뉴타운에서 미분양이 되었던 아파트를 계약했던 경험을 들려주며, 그분에게 무조건 계약을 하고 실거주 2년을 채워 갈아타기를 통해 부동산 투자를 이어가라고 조언했다. 그 뒤로 그분은 그 아파트에 무사히 입주했다는 댓글을 남겼고 현재 해당 아파트는 5억이 넘는 실거래가를 기록하고 있다.

2018년 내가 2억 4,000만 원에 분양받았던 32㎡^{공급면적 14평} 복도식 아파트도 당시에는 분양 가격이 너무 비싸다는 이유로 미분양이 되었지만, 3년 뒤 입주 시점에는 전세가가 2억 8,000만 원이 넘었다. 아파트 분양가가 발표될 때마다 "너무 비싸다"는 말이 나오지만, 결국 시간이 지나면 '그때 살걸' 하는 후회만 남는다.

보유 중인 도시형생활주택 수익

계약 연도	지역	면적 (공급면적)	매수가격	시세 (KB 부동산 기준)	차익
2014	영등포구 당산동	16㎡(7평)	1억 6,040만 원	3억 2,500만 원	▲1억 6,460만 원
2017	영등포구 당산동	16㎡(7평)	2억 4,400만 원	3억 1,000만 원	▲6,600만 원
2017	영등포구 당산동	38㎡(17평)	3억 9,000만 원	6억 9,500만 원	▲3억 500만 원
2017	영등포구 당산동	49㎡(21평)	4억 9,000만 원	8억 750만 원	▲3억 1,750만 원
합계					▲8억 5,310만 원

보유 중인 복도식 아파트 수익

계약 연도	지역	면적 (공급면적)	매수가격	시세 (KB 부동산 기준)	차익
2015	송파구 가락동	39㎡(18평)	5억 7,091만 원	14억 1,667만 원	▲8억 4576만 원
2018	광명시 광명동	32㎡(14평)	2억 4,000만 원	3억 7,500만 원	▲1억 3500만 원
합계					▲9억 8076만 원
총 합계					▲18억 3,386만 원

내가 현재 보유하고 있는 초소형 주택들의 투자 수익 내역

부동산 투자에서 당첨된 분양권을 계약해서 후회하는 경우는 거의 없다. 반면, 계약을 포기한 사람은 시간이 지나 두고두고 후회할 일이 생기기도 한다.

다시 말하지만, 초소형 아파트가 투자 가치가 높으니 무조건 투자하라는 얘기가 아니다. 다만, 돈이 부족하고 작은 집에서도 거주할 수 있는 경우라면 무주택자로 머무는 것보다 초소형 주택을 매수하는 것이 훨씬 더 나은 선택이 될 수 있다는 조언이다.

초소형 아파트는 '하방경직성'이 강하다. 상승기에는 대형 평수만큼 오르지 않지만, 하락기에는 가격이 덜 떨어지는 특성이 있다.

부동산 용어 설명

✓ **하방경직성** 下方硬直性

수요 공급의 법칙에 따라 당연히 내려가야 하는 가격이 어떠한 이유로 가격이 내려가지 않는 성질.

초소형 아파트는 수요가 증가하는 반면 건설사 입장에서는 수익에 큰 도움이 되지 않기 때문에 공급이 점점 줄어들어 오히려 희소 가치가 있다.

초소형 아파트로 단기간 내 큰 시세 차익을 기대하기는 어렵지만, 임대 수요가 꾸준한 '직주근접' 지역이라면 임대료 상승을 통한 안정적 수익을 기대할 수 있다.

 부동산 용어 설명

✓ **직주근접** 職住近接

'직장'을 뜻하는 '직職'과 '주거'를 뜻하는 '주住'가 가까운(근접) 지역을 뜻하는 말로, '직장이 있는 곳과 거주하는 곳의 거리가 가까운 곳'을 의미한다.

투자에 있어 이건 이래서 안 되고, 저건 저래서 안 된다는 편견은 기회를 막는다. 나처럼 투자금이 부족한 상황에서도 나만의 기준을 세워 과감히 투자에 나선다면, 초소형 아파트도 충분히 자산 증식의 수단이 될 수 있다.

작은 집이라고 무시하지 말라. 나에게 맞는 작은 선택들이 모여 지금의 큰 결과를 만들어주었다. **다른 사람의 기준이 아니라, 나의 자금 수준과 상황에 맞춘 투자가 당신을 시간 부자로 은퇴할 수 있도록 해줄 것이다.**

청약 vs 실거주 vs 갭투자, 나에게 맞는 방식을 선택하자

나는 대학 진학과 함께 타지에서 원룸 전세 생활을 시작했기 때문에 부모님 집에서 학교를 다녔던 또래 친구들보다 더 이른 시기에 '내 집 마련'의 필요성을 절실하게 느끼게 되었다. 대학생 때부터 학교 근처의 집값을 알아보고, 내가 살던 원룸 건물의 주인 아저씨가 임대 수익을 얼마나 벌고 있을지 궁금해하곤 했다.

대학생 시절부터 내 집을 갖고 싶다는 생각이 강했기 때문에, 처음부터 청약 당첨을 통해 집을 사야겠다는 생각은 아예 하지 않았다. 청약은 기본적으로 오랜 무주택 기간과 긴 청약통장 가입 기간이 필요하고, 부양가족 수가 적으면 당첨 확률이 크게 떨어지기 때문이다. 특히 나처럼 20대의 1인 가구에게는 당첨 가능성이 거의 없었다.

아파트 청약에 당첨되려면?

1. **무주택 기간** : 무주택 기간이 길수록 높은 점수를 받을 수 있다.
2. **청약통장 가입 기간** : 만 14세부터 청약통장 납입이 가능하므로 한 살이라도 더 어릴 때 청약통장에 가입하는 것이 좋다. 최소 15년 이상 가입해야 만점을 받을 수 있다.
3. **부양가족 숫자** : 배우자, 자녀, 부모님이 부양가족으로 인정되며 부양가족이 많을수록 점수가 높다.

20년 전, 내가 20대였던 시절에도 서울의 집값은 소득이 낮은 1인 가구인 내게는 굉장히 비싼 수준이었다. 그때는 지금보다 대출 이율이 높았고, 주택 구입 시 대출 비중도 크지 않았기 때문에 집값의 대부분을 대출로 충당하는 것도 불가능했다. 결국 내가 선택한 방법은 전세를 끼고 집을 매수하는 '갭투자'였다.

최근 전세 보증금을 돌려주지 못하는 전세 사기나 역전세 현상 등으로 인해 갭투자에 대한 대중의 인식은 매우 부정적으로 바뀌었다. 갭투자를 위험한 투자 방식이라고 단정 짓는 사람도 많다.

하지만 갭투자란 본질적으로 세입자의 전세 보증금을 활용해 주택을 매수하는 투자 방식일 뿐이다. 임차인은 보증금을 집주인에게 빌려주는 대신 월세보다 저렴한 비용으로 거주를 할 수 있고, 임대인은 큰 투자 금액 없이도 집을 매수할 수 있다는 점에서 서로의 이해관계가 맞아떨어지는 제도다.

부동산 용어 설명

✓ **역전세**
전셋값이 하락하여 집주인이 기존 세입자에게 전세 보증금을 돌려주기 어려워지는 상황을 뜻한다.

예를 들어, 매매가 7억 원인 집이 있다고 해보자. 세입자가 전세 5억에 거주한다면, 2억만 있으면 이 집을 매수할 수 있다. 즉, 갭투자를 활용하면 매매가 전액이 없이도 부동산 투자가 가능해진다. 만약 이후 시세가 상승한다면 소액의 투자금으로도 큰 수익을 올릴 수 있다.

하지만 주택 가격과 전세가가 항상 오르기만 하는 것은 아니다. 투자 직후 집값과 전세가가 동시에 하락하면 손실이 발생할 수 있으며, 특히 대출까지 끌어와 무리한 갭투자를 한 경우엔 세입자에게 보증금을 돌려주는 데 어려움을 겪을 수도 있다.

예를 들어, 7억 원짜리 집을 5억의 전세를 끼고 매수했다가 전세가가 4억으로 떨어지고 집값도 6억으로 하락한다면, 투자금 2억 중 1억을 잃게 되는 셈이다.

그러므로 세입자의 보증금도 나의 부채라고 생각해야 한다. 갭투자는 절대 무리해서 투자를 해서는 안 되며, 여유 자금으로 내가 감당할 수 있는 수준 내에서만 접근해야 한다.

부동산 커뮤니티에는 여전히 "지금 갭투자 해도 괜찮을까요?"라는 질문이 끊임없이 올라온다. 어떤 사람은 "서울 집값은 결국 오른다"며 투자를 권하고, 어떤 사람은 "인구가 줄어들어 집에 대한 수요가 줄고 있다"며 경고한다.

지금 당장 주택을 매수해서 입주할 자금이 부족하다면, 전세를 끼고 마음에 드는 집을 매수해놓고 다른 곳에 전월세로 살면서 자금을 더 마련해 나중에 입주하는 것도 투자 전략이 될 수 있다.

실제로 나의 첫 내 집 마련도 갭투자였다. 집값은 1억 2,800만 원, 세입자의 전세금은 8,300만 원이었고, 중개수수료와 취득세 등 부대 비용이 약 500만 원 정도 들었다. 결국 약 5,000만 원의 투자금으로 내 이름의 첫 집을 마련했던 것이다.

우리나라에 전세 제도가 존재하는 한, 갭투자도 사라지지 않을 것이다. 세입자의 보증금도 나의 부채라고 생각하고, 무리하지 않는 선에서 투자를 검토해야 한다.

모든 투자는 결국 나의 '결심'과 '선택'에서 비롯된다는 사실을 명심하자.

따박따박 월세가 들어오는
수익형 투자로 포트폴리오를 확장하자

처음 내 집 마련을 한 후, 다음 투자는 어떤 방식으로 이어가야 할지 고민하는 사람들이 많다. 월세를 받는 '수익형 투자'로 시작할지, 전세를 끼고 시세 차익을 노리는 '시세 차익형 투자(갭투자)'를 할지, 아니면 똘똘한 한 채로 갈아타기를 할지? 이 질문에는 정답이 없다. 부동산 시장은 항상 변하고 사람마다 각자의 상황이 다르기 때문에 수익형 투자가 유리할 때도 있고, 갭투자가 더 유리할 때도 있기 때문이다.

 부동산 용어 설명

✓ **수익형 투자**
상가나 주택 등 부동산을 보유하며 월세를 받는 투자 방식.

사람마다 성향도 다르기 때문에 부동산 침체기에는 매달 꼬박꼬박 들어오는 월세를 통해 심리적인 안정을 느끼는 투자자도 있다. 반면, 공격적인 성향의 투자자라면 시세 차익형 투자로 입지가 좋은 지역의 부동산을 선점해 상승장의 기회를 놓치지 않으려는 경우도 있다.

장기간의 부동산 침체기를 경험해본 투자자라면, 수익형 투자가 주는 안정감을 누구보다 잘 이해할 것이다. 실제로 2008년 리먼 브러더스 사태로 인해 부동산 시장이 급격히 얼어붙었던 당시, 나는 한 경제 라디오 프로그램을 들으며 다음과 같은 내용을 수첩에 적어두었다.

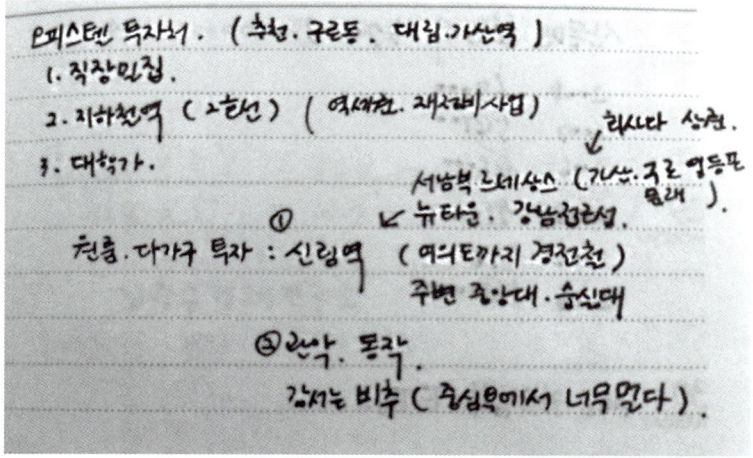

2008년 리먼 브러더스 사태 이후 한 경제 라디오 프로그램을 들으며 수첩에 메모한 내용

> "지금처럼 부동산 시장이 침체된 시기에는 월세가 나오는 서울 중심지 역세권의 오피스텔, 원룸, 다가구 주택에 투자하는 것이 좋습니다."
>
> 2008년 한 라디오 프로그램에서 들은 부동산 전문가의 말

전문가의 투자 조언도 시간이 지나고 보면 절대적인 정답이 아니었다. 결국 시간이 흐르면 전문가의 말도 틀릴 수 있다.

나는 먼저 시세 차익형 투자로 시작해, 내가 살고 싶은 아파트를 전세를 끼고 매수했다. 이후 세입자의 전세 보증금을 돌려줄 자금을 꾸준히 모아 실거주용으로 전환했고, 그렇게 나만의 '똘똘한 한 채'를 장만했다. 그다음엔 매달 월세가 들어오는 수익형 부동산에 투자해 투자 포트폴리오를 확장해갔다. **이처럼 시세 차익형과 수익형 투자를 같이 병행하는 것이 가장 이상적인 조합이라고 생각한다.**

요즘의 부동산 정책은 다주택자를 규제하려는 흐름이 여전하다. 하지만 2주택까지는 고가 주택을 보유한 일부를 제외하면 생각만큼 세금 부담이 크지 않다. 부동산 투자를 해보지 않은 사람들은 "집을 두 채만 가져도 세금 폭탄을 맞는다"고 생각하지만, 실제로는 투자 수익이 세금보다 더 크다.

나 역시 실거주 집을 마련한 뒤 두 번째 투자는 월세를 받는 수익형 투자로 시작했다. 월세가 꼬박꼬박 들어오기 시작하자 부동산 투자에 대한 동기부여가 더 강해졌고, 매달 70만 원의 월세 수입이 생기면서 직장 생활의 스트레스도 훨씬 줄어들었다. **오히려 '월급 외 수입'이 있다는 안정감이 내 삶의 만족도를 더 높여 주었다.**

무한대 수익률 달성, 부동산 투자의 매력

사람마다 선호하는 투자 방식은 다양하고, 어떤 방식이 더 좋다고 단정할 수는 없다. 하지만 나는 부동산 투자라는 하나의 길만 꾸준히 걸어왔다. 다른 방식의 투자에 한눈팔지 않았던 이유는, **부동산은 '시간'이라는 레버리지를 활용하면 무한대 수익률 달성이 가능한 매력적인 자산이기 때문이다.**

물론 집값이 항상 오르는 것은 아니다. 하지만 장기적인 관점으로 보면, 서울과 수도권의 아파트는 상승과 하락, 보합을 반복하면서도 결국 우상향한다. 그리고 시간이 지나면서 임대료도 계속해서 상승한다. **어느 시점이 되면 투자 원금이 전부 회수되고, 그 이후부터는 무한대의 순수익을 남길 수 있는 구조가 된다.** 이런 점이 부동산 투자의 가장 큰 장점이다.

아래 표에 있는 내가 실제로 투자한 부동산 목록을 보면, 시간이 지나면서 전세 보증금이 꾸준히 상승하면서 매입가를 초과했고, 결국 투자 원금 이상을 모두 회수했다.

지금까지 회수한 금액만 총 1억 2,200만 원이다. **원금은 이미 다 회수되었기 때문에 이제 내 투자금은 '0원'이 되었고, 이후에도 계속해서 임대료가 들어오는 시스템이 만들어졌다.** 이것이 바로 무한대 수익률인 것이다.

계약일	지역	면적 (공급면적)	매수가격	현재 임대료	투자 원금보다 초과 회수한 금액
2014년 5월	영등포구 당산동	16㎡ (7평)	1억 6,000 만 원	보증금 1억 8,500만 원 월세 21만 원	2,500만 원
2017년 5월	영등포구 당산동	38㎡ (17평)	3억 9,000 만 원	보증금 4억 1,700만 원 월세 7만 원	2,700만 원
2017년 5월	송파구 가락동	39㎡ (18평)	5억 7,000 만 원	보증금 6억 원	3,000만 원
2018년 1월	광명시 광명동	32㎡ (14평)	2억 4,000 만 원	보증금 2억 8,000만 원	4,000만 원
합계 (초과 회수 금액)					▲1억 2,200만 원

사람들이 투자를 두려워하는 이유는 '원금을 잃을 수 있다'는 불안감 때문이다. 요즘 주식 시장도 크게 상승해서 40~50% 수익률을 올리거나 배당까지 챙길 수 있는 종목도 있지만, 주식은 유동성이 너무 크다. 상승도 빠르지만, 반대로 하락도 빠르다.

물론 부동산도 가격이 하락할 수 있다. 하지만 입지가 좋은 지역의 부동산은 하락하더라도 다시 회복하는 속도가 빠르다. 부동산 투자로 돈을 버는 속도는 주식 투자보다 느릴 수 있지만, 그만큼 안정성이 높다. 무리하지 않는 선에서 좋은 입지의 부동산에 투자한다면 시간은 결국 당신 편이 되어줄 것이다.

성격이 급한 사람일수록 오히려 부동산 투자가 더 잘 맞을 수 있다. 부동산은 주식보다 강제로 더 오래 보유하도록 만들기 때문이다. 부동산은 주식처럼 휴대전화 앱에서 몇 번 터치해서 매도할 수 없고, 팔고 사는 과정이 무척 번거롭다.

부동산뿐 아니라 주식, 코인 등의 투자도 단기간에 큰돈을 벌겠다는 욕심으로 시작하면 오히려 실패하기 쉬운 것 같다. 특히 상승장의 초입에서 집값과 전세가가 동시에 오르는 것을 경험한 투자자들이 흔히 저지르는 실수가 있다. "이대로 계속해서 여러 채를 사놓으면 금방 부자가 될 수 있겠다"는 착각이다. **본인의 자금 상황을 고려하지 않고 무리하게 여러 채를 매수하게 되면 그 순**

간부터 리스크는 기하급수적으로 커진다.

 투자는 '얼마나 빨리 버느냐'보다 '잃지 않는 투자를 하는 것'이 더 중요하다. 돈을 적게 벌더라도 꾸준히, 그리고 안전하게 버는 것이 훨씬 지속 가능한 투자다. 내가 지금의 자산을 만들 수 있었던 것도 절대 내 능력 때문이 아니었다. 운이 90%, 나의 노력이 10%였다고 생각한다.

내 집을 가져본 사람과
안 가져본 사람의 경제 관념 차이

많은 사람이 투자를 어렵게 느끼는 이유 중 하나는 '투자 공부를 해야 한다'는 부담감 때문이다. 학생 시절에도 가장 어렵고 힘들었던 게 공부였는데, 이제는 투자를 하려면 또다시 공부를 해야 한다니 막막할 수밖에 없다. 무엇을 어떻게 공부해야 할지도 감이 안 잡히고, 그저 투자라는 단어 자체가 멀게만 느껴진다.

세상은 수많은 방식으로 "투자를 잘하려면 공부하라"고 말하지만, 사실 나는 그중 어느 하나도 제대로 해본 적이 없다.

부동산 투자를 처음 시작했을 때 내가 빼놓지 않고 본 것은 신문 기사가 거의 유일했고, 그 외에는 거의 접하지 않았으며, 임장은 지금까지 단 한 번도 해본 적이 없다. 한 번도 가본 적 없는 동네, 서울 송파구 가락동과 경기 광명시 광명동의 아파트를 임장도 하지 않고 계약했다.

내가 갖고 있는 부동산의 상당수가 영등포구 당산동에 몰려 있는 이유도 단지 내가 당시 살던 아파트 근처였고, 다른 지역을 알아보는 게 귀찮았기 때문이다. 한 단지에 4채를 몰아 산 이유도 그저 편했기 때문이었다.

물론 이런 투자 방식이 추천할 만한 모범 사례는 아니다. 하지만 회사 일만으로도 지쳐 있던 내가 부동산 투자를 하면서 억지로 공부까지 하려고 했다면 투자를 금방 포기했을 것이다. 사람은 원래 무언가를 억지로 하려 들면 오히려 반감이 생기기 마련이다.

처음엔 제대로 된 투자 공부 없이 시작해서 실수도 많이 했다. 그러나 그 경험들이 쌓이면서 자연스럽게 부동산에 흥미가 생겼고, 어느 순간 투자는 '공부'가 아닌 '취미'가 되어 있었다.

지금도 나는 체계적인 투자 공부를 하지는 않는다. 그저 궁금한 것이 생기면 검색해보고, 투자와 관련된 유튜브를 보고, 투자 고수들의 블로그를 찾아 읽는 것이 습관이 됐다. 억지로 하는 것이 아니라, 재미있어서 하는 일이 된 것이다.

아무리 책을 수십 권 읽고, 강의를 수백 번 들었다 해도 실제로 내 돈이 투입되지 않으면 '진짜 공부'는 시작되지 않는다. **내 돈이 들어간 순간부터, 우리는 그 투자에 본능적으로 관심을 갖게 되고, 그러면서 진짜 투자 공부가 시작된다.**

투자는 단순한 이론이 아니다. 아무리 머리로 알고 있어도 마음 속의 불안과 두려움을 이겨내야만 실행할 수 있다.

요즘 대부분의 부동산 책들은 서울과 수도권, 특히 핵심 입지 투자만을 강조한다. 지방은 곧 소멸된다고 단정 짓는다. 하지만 지방에 사는 사람에게도 '내 집'은 반드시 필요하다. 누구에게나 안락하게 머물 수 있는 공간, 내가 편하게 쉴 수 있는 집이 필요하다. 투자로 돈을 버는 것도 중요하지만, 그보다 더 본질적인 것은 '사는live 곳'이다. 내 집을 가져본 사람과, 그렇지 않은 사람 사이의 삶의 안정감은 생각보다 훨씬 크다.

나는 투자 초기, 어떤 공부도 없이 그저 내 자금에 맞춰, 내게 필요한 수준의 집을 하나 사는 것으로 부동산 투자를 시작했다. 남들 눈에는 투자 가치가 낮아 보였던 $32m^2$ ¹³평형 원룸형 아파트였지만, 그 집을 매수해본 경험이 두 번째, 세 번째, 네 번째 투자로 이어지는 소중한 밑거름이 되었다.

만약 내가 투자를 하기 전에 재테크 강의를 먼저 듣고, 투자 관련 책을 꼼꼼히 읽고 공부부터 시작했더라면 아마 그 초소형 아파트는 투자 대상에서 제외했을 것이다. 현재도 원룸형 아파트는 투자로 적합하지 않지만 최저시급 수준의 월급을 받았던 내가, 이론적으로 투자 가치가 높은 아파트를 고르려고 했다면 애초 부동산 투자는 시작조차 못했을 것이다. 그리고 아마 현재의 자산도 없었을 것이다.

사람 심리는 처음부터 잘하려고 하면 부담이 생기고 곧 '포기'로 이어진다. 하지만 "실패해도 괜찮아"라는 마음으로 시작한다면 처음에는 완벽하지 않은 투자였어도 경험이 쌓이며 다음 투자는 더 잘 할 수 있게 된다.

《나는 나의 스무 살을 가장 존중한다》의 저자이자 의사인 이하영 원장도 처음에는 어머니가 거주하실 부산의 빌라를 매수했던 경험으로 부동산 투자에 흥미를 갖게 되었다고 한다. 이후 건국대 부동산학과에 진학해 본격적으로 공부하며 부동산에 투자를 해서 현재의 부를 이뤘다고 했다. 직접 해보는 것과, 머리로만 아는 것 사이에는 엄청난 차이가 있다.

내 집을 소유했다는 경험은 단순히 '자산을 갖고 있느냐, 아니냐'의 문제가 아니다. 집이 없는 사람은 계약 만기일이 다가올 때마다 항상 불안하다. "지금 집을 사야 할까?", "전세로 더 사는 게 좋을까?", "월세가 더 유리한 건 아닐까?" 심지어 어떤 사람들은 아예 내 집을 가질 생각조차 하지 않는다.

집주인의 눈치를 보지 않고 벽에 못을 박을 수 있고, 내 마음대로 꾸밀 수 있는 공간이 있다는 건 엄청난 심리적 안정감을 준다. 이 안정감은 자산의 시세 차익보다 훨씬 크고, 돈으로는 환산할 수 없는 것이다.

안정적인 내 공간이 생기자 내 집이 있다는 사실 그 자체가 든든한 버팀목이 되었다. 나도 그 덕분에 새로운 투자를 할 때마다 '실패하더라도 일단 해보자'는 용기가 생겼다. **내 집이 있는 사람은 시간이 지날수록 '자산의 우상향'이라는 '복리 효과'를 누릴 수 있게 된다. 반면 집이 없는 사람은 계약 만기 때마다 전월세 인상과 이사에 신경을 곤두세우고 불안을 느끼며 살아야 한다.**

이 차이는 단순히 '집값이 올라서 기분이 좋다'는 의미가 아니다. **집값 상승보다 더 큰 것은 '안정감'이다. 내가 처음 샀던 집의 수익률은 낮았지만 내 삶의 안정감을 느끼게 해준 그 집은 그런 의미에서 '성공한 투자'였다.**

3장

소형 부동산 투자로
40대 파이어족이 되기까지

처음 매수한 13평 아파트, 복리처럼 불어난 초소형 투자

내가 보유한 집의 숫자와 자산의 수익률보다 더 중요한 것은, 지난 17년간 부동산 투자를 하며 직접 체득한 경험들이다. 처음 집을 사기까지는 오랜 시간 고민을 해야 했고, 두 번째 집을 매수하기까지도 시간이 꽤 걸렸다. 하지만 세 번째부터는 이전의 투자 경험이 밑거름이 되어 결정에 필요한 시간이 훨씬 줄었다.

부동산 투자를 하면서 확신 없이 투자했던 물건은 결국 짧게 보유하고 매도함으로써 큰 수익을 내지 못한 경우도 있었다. 하지만 그런 경험들이 쌓이며 주택임대사업자로서의 노하우도 자연스럽게 축적됐다. 힘들게 번 내 돈이 걸린 문제이다 보니, 복잡한 세금 공부도 머릿속에 쏙쏙 들어왔다.

다시 강조하지만, 이 책은 '어느 지역에 투자하라'거나 '이 아파트가 유망하다'는 식의 투자 기술을 알려주는 책이 아니다.

나는 초소형 아파트와 도시형생활주택을 꾸준히 매수해 21억 원의 순자산을 달성했지만, **지금의 부동산 시장은 다주택자에 대한 규제, 주택임대사업자의 등록 혜택 변화 등으로 과거와는 투자 환경이 완전히 다르다.**

지금 시점에서 '나도 갭투자로 아파트를 여러 채 사서 시세 차익을 얻어야겠다'고 생각하는 독자들이 있다면, 나는 오히려 말리고 싶다. **부동산 투자 환경은 계속 바뀌고, 사람마다 처한 상황도 다르기 때문에 정해진 정답은 없다.**

나는 128만 원의 월급을 받던 직장인이었다. 처음에 투자 관련 서적도 거의 읽지 않았고, 유료 강의를 듣거나 유튜브의 영상을 참고하지도 않았다. 임장도 거의 가지 않았다. 그런데도 10채의 집을 매수하고 3채를 매도하는 투자 경험을 체득했고, 지금은 7주택을 임대하는 주택임대사업자가 되었다.

내 투자의 출발점은, 지금 이 글을 읽는 당신도 마음만 먹으면 충분히 살 수 있는 13평짜리 작은 아파트였다.

골드곰의 부동산 투자 타임라인			
연도	지역	면적 (공급면적)	비고
2008.07.	영등포구 당산동 아파트 매수	32㎡(13평)	첫 투자
2014.05.	영등포구 당산동 도시형생활주택 매수	16㎡(7평)	2017.05. 장기임대주택 등록
2015.12.	영등포구 당산동 도시형생활주택 매수	49㎡(21평)	
2016.10.	송파구 잠실동 아파트 매수	27㎡(12평)	
2017.04.	송파구 잠실동 아파트 매도	27㎡(12평)	6개월 보유 손실 107만 원
2017.04.	영등포구 당산동 도시형생활주택 매도	49㎡(21평)	1년 4개월 보유 순수익 3,543만 원
2017.05.	송파구 가락동 아파트 분양권 매수	39㎡(18평)	2019.02. 장기임대주택 등록
2017.05.	영등포구 당산동 도시형생활주택 매수	16㎡(7평)	2017.05. 장기임대주택 등록
2017.09.	영등포구 당산동 도시형생활주택 매수	38㎡(17평)	2017.10. 장기임대주택 등록
2017.12.	영등포구 당산동 도시형생활주택 매수	49㎡(21평)	2018.09. 장기임대주택 등록

2018.01.	경기도 광명시 아파트 미분양 분양권 매수	32㎡(14평)	
2020.01.	경상북도 구미시 아파트 분양권 매수	74㎡(29평)	2020.07. 장기임대주택 등록
2023.07.	영등포구 당산동 아파트 매도	32㎡(13평)	14년 10개월 보유 순수익 2억 1,200만 원

생애 첫 아파트의 계약서를 작성하던 날, 매도자와 나눈 대화는 지금도 선명히 기억에 남아 있다.

매도자는 전라남도에 거주 중이었고, 서울에 연고도 없는 사람이었다. 하지만 놀랍게도 이 단지에 무려 10채의 아파트를 갭투자로 매수해서 보유하고 있다고 했다. 매도자가 투자한 시점의 전세와 매매가 차이는 1,000만 원 남짓. 그 정도 금액은 나도 조금만 마음을 먹었으면 쉽게 투자할 수 있었던 돈이었다.

그런데 나는 수개월 동안 집을 살까 말까 망설이며 시간을 흘려보냈고, 그 결과 5,000만 원의 투자금으로 단 한 채만 겨우 계약할 수 있었다. 1년만 더 일찍 투자를 결심했더라면 5,000만 원으로 이 단지에 최소 다섯 채는 살 수 있었다고 생각하니 머릿속이 복잡해졌다. **단 1년 사이에 이 집의 주인은 1,000만 원을 투자해**

3,500만 원의 수익을 올린 셈이었다.

이 경험은 나의 부동산 투자에 대한 생각을 완전히 바꿔놓았다. 이를 계기로 '집은 한 채만 사기보다 수익을 내려면 여러 채를 보유해야 한다'고 생각하게 되었다. 내가 직접 겪은 경험을 바탕으로 처음 '갭투자'라는 개념에 눈을 뜬 것이다.

출처: 아파트실거래가 앱

당시 이 아파트는 투자 가치가 높은 매물이 아니었다. 14년 10개월 동안 보유한 뒤 비과세로 매도해서 2억 1,200만 원의 순수익을 얻었지만 보유 기간 대비 투자 수익이 높다고 할 수도 없었다. 하지만 이 투자는 나에게 다주택자로서의 가능성을 열어준 결정적인 디딤돌이 되었다.

   그 후 나는 갭이 작고, 임대 수요가 꾸준한 초소형 아파트를 중심으로 한 채씩 차곡차곡 모아가기 시작했다. 그렇게 투자 경험이 쌓이고 시간이 흘러 순자산 21억 원을 달성하며 조기 은퇴에 성공했다.

   내가 부동산 투자로 성공할 수 있었던 이유는 특별한 투자 정보나 지식 때문이 아니었다. 스스로 결정했고, 결심이 섰을 때 주저하지 않고 내가 가진 자금과 여건 안에서 바로 행동했기 때문이다.

   아무것도 하지 않으면 내 인생에서 절대로 달라지는 일은 없다. 실거주 내 집 한 채는 반드시 필요한 자산이다. **직장에 매일같이 출근해야 했던 시절, 그 고된 밥벌이를 견디게 해준 힘은 '작지만 내 이름으로 된 집' 한 채다.**

   부동산 투자는 생각보다 어렵지 않다. **나도 할 수 있었으니, 당신도 시작할 수 있다.** 중요한 것은 얼마나 투자 가치가 있는 집을 사느냐가 아니라, 그 투자를 통해 무엇을 배우고, 어떻게 성장하느냐이다.

완벽하지 않아도 괜찮다, 작은 집이라도 빨리 사라

직장 생활 5년 차였던 2007년, 나는 5,000만 원의 현금을 모았다. 그때도 지금처럼 집값은 끊임없이 요동치고 있었다. 2000년대 초반 강남 집값은 무서울 정도로 상승했고, 곧이어 급락했다.

송파구 잠실동의 잠실주공5단지 82㎡ ^{공급면적 36평} 아파트는 2006년 한 해 동안 12억에서 16억으로 4억 올랐다가 이듬해 2007년 다시 3억 가까이 떨어졌다. 3~4억은 지금도 큰돈이지만, 당시 물가로 보면 지금의 두 배 가까운 화폐 가치였다.

그 시절 내 월급으로 10억이 넘는 강남 아파트를 사기란 평생을 모아도 어려운 집이었다. 강남 아파트는 예나 지금이나 그렇긴 하다.

잠실주공5단지 2006~2007년 실거래 가격 변화 (출처: 아파트실거래가 앱)

당시에도 뉴스와 시사 프로그램에서는 연일 집값 급등과 가계부채 문제를 경고했다. MBC 〈PD수첩〉에서는 아파트 한 동 전체의 등기부등본을 떼어 대부분의 집에 은행 대출이 설정돼 있다는 영상을 보여줬고, "지금 대출을 받아 집을 사는 것은 위험하다"고 경고했다. 이 방송을 보고 난 후, 나는 '대출=위험'이라는 인식이 깊이 박혀버렸다. 때문에 투자 초기에 대출을 전혀 활용하지 못했고, 이 부분은 지금도 아쉬움이 많이 남는다.

그런데 사실 대출 그 자체가 위험한 것은 아니라, 자신이 감당할 수 없는 대출이 위험한 것이다. 나는 그 사실을 몰랐고, 아무도 내게 가르쳐주지도 않았다.

나는 대학생 시절부터 쭉 원룸 세입자로 살았기 때문에 다른 또래들보다 일찍 서울에 내 집을 갖고 싶다고 생각했다. 취직을 하고 갭투자로 작은 아파트를 살 수 있는 돈을 모았지만, 요동치는 부동산 시장 앞에서 '부동산 투자를 잘 못해서 애써 모은 돈을 다 잃으면 어쩌지?' 하는 두려움이 앞섰다.

2007년 내가 관심을 가졌던 아파트가 하나 있었다. 도봉구 창동에 있는 36㎡ 공급면적 16평 아파트였다.

계약	일	정보	가격 ↓	타입	거래동	층
07.04	17	매매	8,500	36A	406동	9층
	16	매매	8,400	36A	407동	6층
	15	매매	8,450	36A	406동	10층
	13	매매	8,200	36A	407동	14층
	13	매매	8,650	36A	406동	11층

계약	일	정보	가격 ↓	타입	거래동	층
08.08	01	매매	1억 6,200	36B	406동	10층
08.07	30	매매	1억 5,950	36A	406동	6층
	22	매매	1억 5,000	36A	406동	15층
08.06	23	매매	1억 6,000	36A	406동	8층
	12	매매	1억 6,500	36A	406동	14층

처음 투자하고 싶었지만 고민하다가 타이밍을 놓친 도봉구 창동의 아파트
2007~2008년 실거래 가격 변화 (출처: 아파트실거래가 앱)

전세를 끼면 1,500만 원~2,000만 원의 투자금만 있으면 살 수 있었지만, 그때까지 한 번도 부동산 계약을 해본 적 없던 나는 전세를 끼고 집을 사도 괜찮을지, 이렇게 작은 평수의 아파트는 혹시 나중에 팔리지 않거나 집값이 떨어져서 손해를 보게 되지는 않을지 고민을 계속하다가 결국 실행으로 옮기지 못했다.

그렇게 1년이 지나고, 그 아파트의 가격은 8,500만 원에서 1억 6,000만 원으로 두 배 가까이 올랐다. 5년 동안 열심히 저축을 해서 5,000만 원이나 모았지만, 집값은 1년 사이에 7,500만 원이나 올랐다.

나는 이때 스스로 깨달았다. 아무리 열심히 돈을 모아도, 계속해서 오르는 집값을 따라갈 수 없다는 현실을 말이다. 그리고 부동산 투자에 대한 생각이 바뀌었다. **작은 집이라도 빨리 사야 한다는 것, 그리고 집을 갖고 있는 사람은 가만히 있어도 자산이 불어나지만, 현금만 들고 있는 사람은 상대적으로 점점 더 가난해질 수밖에 없다는 사실을 말이다.**

도봉구 창동의 집값은 너무 올라서 전셋값과 매매 가격의 차이가 크게 벌어진 탓에 내 돈 5,000만 원으로는 이제 매수하기 어려운 상황이 되었다. 하지만 그때 부동산 투자를 하기 늦었다는 생각보다 '이제라도 집을 사야 한다'는 생각이 앞섰다.

서울에서 전세를 끼고 5,000만 원 갭으로 살 수 있는 아파트는 거의 없었다. 나는 네이버부동산의 매물을 뒤져서 서울에서 가장 저렴한 수준의 아파트를 찾았다. **그렇게 발견한 곳이 영등포구 당산동 32㎡**_{공급면적 13평}**의 원룸 구조 아파트였다. 이 집이 바로 내 인생에서 첫 번째로 투자한 부동산이었다.**

영등포구 당산동 아파트 32㎡(공급면적 13평) 평면도 (출처: 네이버부동산)

　도봉구 창동의 주공아파트는 비록 36㎡ 공급면적 16평의 작은 집이었지만, 1,600세대의 대단지였고 방과 거실이 구분된 네모반듯한 구조였다. 반면, 내가 실제로 계약하게 된 영등포구 당산동의 아파트는 514세대, 그것도 두 개의 동뿐인 작은 단지였고 집 구조도 방이 따로 없는 원룸 형태였다.

　솔직히 마음에 드는 집은 아니었다. 하지만 그 집은 내가 가진 돈으로 서울에서 유일하게 살 수 있는 아파트였다. 그래서 나는 더 이상 망설이지 않고 바로 결단을 내렸고, 2008년 7월 1일, 나는 생애 첫 집을 계약했다.

그날의 선택은 내 인생을 바꾸는 결정적인 전환점이 되었다. 그때의 결단력과 실행력이 있었기에 지금의 나는 더 이상 돈 버는 일에 내 시간을 쓰지 않아도 되는 자유를 얻을 수 있었다.

나는 아무리 작고 낡은 집이라도 집값의 등락에 불안해하지 않아도 되는, 내 명의로 된 집을 갖고 싶었다. 비록 전세를 끼고 매수한 집이라 실제 입주는 할 수 없었지만, **31세의 나이에 내 명의로 된 첫 번째 부동산을 갖게 되었다는 사실은 내게 커다란 안정감을 주었다.**

영등포구 당산동 아파트 투자 내역	
항목	금액
면적(공급면적)	32㎡(13평)
매매가	1억 2,800만 원
임차인 전세 보증금	8,300만 원
계약금	1,200만 원
잔금	3,300만 원
취득 부대비용 (취득세, 중개수수료, 법무사 비용 등)	614만 원
총 투자금	**5,114만 원**

내가 처음으로 매수한 이 집은 결코 투자 가치가 있는 부동산은

아니었다. 대단지도 아니었고, 사람들이 선호하지 않는 원룸 구조였다. 하지만 내 소득 수준으로는 서울의 '좋은 아파트'는 그림의 떡이었다. 그래서 '남들 모두 선호하는 좋은 집'이 아닌 '현실적으로 내가 살 수 있는 집'을 선택했다.

그런데 이 집의 잔금을 치르고 불과 두 달 뒤인 2008년 9월 15일, 갑자기 리먼 브러더스 사태가 터졌다.

 부동산 용어 설명

> ✔ **리먼 브러더스 사태** Lehman Brothers collapse
> 2008년 글로벌 금융위기의 상징적인 사건으로, 미국의 4대 투자은행 중 하나였던 리먼 브러더스가 파산하면서 전 세계 금융시장에 큰 충격을 준 사건.

강남 아파트 가격은 수억 원씩 빠지며 부동산 시장은 장기 침체기에 접어들었다. **하지만 나는 단 한 번도 "집을 괜히 샀다"는 생각을 하지 않았다.**

무주택자로 살았던 시절, 서울의 겨울은 차디찬 바람과 함께 내 마음까지 얼어붙게 만들었다. 눈도 거의 내리지 않는 따뜻한 내

생애 처음 투자했던 영등포구 당산동 원룸 아파트 (직접 촬영)

고향인 경상도에서 올라온 내게 서울의 겨울바람은 유독 매섭게 다가왔다.

오랜만에 고향에 갔다가 서울로 돌아올 때, 기차를 타고 한강철교를 건너며 한강변에 줄지어 있는 아파트 단지의 불빛을 바라보면서 '저 불빛들 중 내 집은 없을까' 하는 생각에 서글펐던 시절이 있었다. 하지만 내 이름으로 된 집을 갖고 난 뒤, 그런 감정은 사라졌다.

그리고 나는 갭투자로 산 첫 집을 계약한 이듬해 그 집으로 입주를 했다. 세입자의 보증금을 내어줄 돈이 빠듯해서 50만 원으로 겨우 도배와 장판만 새로 하고 집수리도 하지 못한 채 이사를 했지만, 집값이 오르든 떨어지든 상관없이 비로소 나만의 보금자리를 갖게 되었다는 사실이 그저 행복했다. 수십 번을 되새겼던 이사 첫날의 감정은 지금도 선명하다.

영등포구 당산동 아파트 투자 수익

항목	내용
면적(공급면적)	32㎡(13평)
매수 가격	1억 2,800만 원 (2008년)
매도 가격	3억 5,000만 원 (2023년)
필요경비 등	1,000만 원
보유 기간	15년
양도 차익	2억 1,200만 원
양도세	비과세
순수익	▲2억 1,200만 원

처음으로 내 집 장만을 해보고 나서야 깨달았다. 전세나 월세로 살아도 임대료 상승이라는 리스크가 있고, 내가 저축하는 속도보다 자산 가격이 상승하는 속도가 훨씬 더 빠르다는 사실을 말이다.

물론 사회 초년생이나 신혼부부에게 내 집 마련은 멀게 느껴질 수 있다. 지금은 집값이 너무 올랐으니 조금 더 기다렸다가 부동산 시장이 안정되면 사야겠다고 생각할 수도 있다. 당연히 일리 있는 이야기이지만 현실은 우리가 원하는 대로 움직여주지 않는다. **무조건 집을 사라는 게 아니다. 처음부터 좋은 집을 사지 못해도 괜찮다는 얘기다. 첫 집은 '투자의 종착지'가 아닌 '출발점'이기 때문이다. 이 사실을 명심하자.**

그러니 눈높이를 조금만 낮춰서 한 살이라도 어릴 때 부동산 투자를 시작해보자. 처음에는 실수도 하고 서툴 수 있지만 반드시 다음 투자로 이어지는 디딤돌이 되어줄 것이다.

완벽한 집이 아니어도 괜찮다. 당신의 첫 집이 당신의 인생의 방향을 바꿔놓을 수 있다. 이 책을 읽고 있는 당신도 충분히 해낼 수 있다. **중요한 건 타이밍과 실행력이며, 투자의 첫 발을 떼는 '용기'다.**

평범한 월급쟁이에서
월세 받는 임대인이 되자

무주택자 시절부터 내 꿈은 월세 받는 임대인이 되어 하루라도 빨리 직장을 떠나는 것이었다. 물론 회사일을 즐기면서 직장에 다니는 사람들도 있다.

그러나 북디자이너였던 나는 직업의 특성상 오탈자 하나도 허용되지 않는 교정 작업과 마감 스케줄의 긴장 속에 하루하루를 보내야 했다. 신입사원을 지나 대리가 되고, 과장 직함을 달면서 회사 업무는 많이 익숙해졌지만, 짧은 직업 수명에 대한 불안감도 함께 자리 잡았다.

언젠가 이 자리를 더 젊고 빠른 후배에게 빼앗기진 않을까 하는 불안은 마침내 현실이 되었다. 탄탄하다고 믿었던 첫 직장의 경영악화로 권고사직 통보를 받고 두 번째 직장을 어렵게 구했지만 마음 깊은 곳의 불안함은 계속되었다. '이 회사에서는 얼마나 더 버틸 수 있을까?'

짧은 직업 수명과 예측 불가능한 회사 상황 속에서 내 집 한 채가 있다고 해서 안심할 수 없었다. 그래서 월세를 받는 집주인이 되어야겠다고 두 번째 목표를 세웠다.

사회생활을 시작하고 5년간 모은 돈은 5,000만 원에 불과했지만, 새로운 목표를 위해 절약을 습관처럼 이어나갔고 7년 동안 총 1억 5,000만 원의 현금을 모을 수 있었다.

소비에서 행복을 느끼는 사람도 있다. 하지만 나에겐 '월세 수익이 나오는 집을 사서 안정적인 현금 흐름을 만들어 조기 은퇴하는 삶'이라는 목표가 있었다. 확실한 목표가 있었기에 교통비와 라면 값까지 아끼며 돈을 모으는 상황이 전혀 힘들지 않았다. 오히려 불필요하게 돈을 쓰면 불안해져서 스트레스를 받았다.

2014년, 마침내 손에 쥔 1억 5,000만 원의 종잣돈으로 두 번째 투자처를 찾기 시작했다. 하지만 머릿속에는 여전히 2008년 리먼 브러더스 사태 당시 강남 부동산 가격이 폭락했던 기억이 선명하게 남아 있어서 투자 결정을 내리기가 쉽지 않았다. 그때 부동산 가격이 수억 원 씩 하락했던 기억이 생생했다. 갭투자와 대출은 나에게 여전히 공포였다.

하지만 월세는 달랐다. 집값이 조금 떨어지더라도, 월세 수입이 투자 손실을 어느 정도 메꿔줄 수 있다는 계산이 섰다.

당시에는 지금처럼 유튜브나 투자 관련 커뮤니티를 통해 부동산 정보를 쉽게 접할 수 있는 환경이 아니었다. 모든 결정은 오롯이 내 몫이었다.

나는 '따박따박 월세가 나오는 집', '월세 수입이 끊기지 않고 투자 리스크를 최소화할 수 있는 집'으로 투자에 대한 기준을 세웠다. 그리고 대출 없이 내 자본으로 온전히 매수 가능한 가격의 매물을 찾기 시작했다.

당시 1억 5,000만 원으로는 10평형대 원룸형 초소형 아파트, 오피스텔, 도시형생활주택 정도가 선택지였다. 그 무렵, 집 근처에 골조 건물의 뼈대가 올라가고 있는 한 단지가 눈에 들어왔다. 영등포에 있는 코레일한국철도공사의 사원아파트 부지를 재건축해 분양한 도시형생활주택이었다. **1~2인 가구를 겨냥한 원룸과 투룸으로 구성된 이곳은 일반 아파트가 아니라는 이유로 큰 주목을 받지는 못했지만, 나는 이 단지를 유심히 살펴보기 시작했다.**

이곳의 입지 조건은 탁월했다.

1. 지하철 2호선과 5호선이 만나는 '영등포구청역' 더블 초역세권
2. 세대당 1대씩 확보된 넉넉한 주차 공간
3. 오랫동안 공기업이 보유해온 좋은 입지의 신축

당시 대부분의 도시형생활주택은 주차 공간 부족 문제를 안고 있었다. 반면 이곳은 입지도 좋았지만 주차 공간이 넉넉한 것이야말로 큰 차별점이라 판단하여 과감하게 매수를 결정했다.

영등포구 당산동 도시형생활주택 16㎡(공급면적 7평) 평면도 (출처: 네이버부동산)

내가 투자한 16㎡(공급면적 7평) 도시형생활주택 단지 전경 (직접 촬영)

당시 이곳의 투룸은 3억이 넘어 내 예산으로 매수하기 어려웠지만, 16㎡^{공급면적 7평}의 원룸 매물이 1억 6,000만 원에 나와 있었다. 나는 바로 그 집을 매수했고, 보증금 1,000만 원에 월세 70만 원을 받는 계약으로 내 인생의 첫 임대 수익을 만들어냈다.

월세 받는 그 집을 산 건 내가 37세 되던 해였다. 31세에 첫 집을 마련한 지 6년 만에, 강남은 아니지만 '월세 받는 집주인'의 꿈을 이루게 된 것이다.

영등포구 당산동 도시형생활주택 투자 내역

항목	내용
면적(공급면적)	16㎡(7평)
매수 가격	1억 6,040만 원 (2014년 매수)
시세(KB부동산기준)	3억 2,500만 원
임대 내역	보증금 1억 8,500만 원 / 월세 21만 원
보유 기간	11년 (보유 중)
시세 차익	▲1억 6,460만 원

급여 외에 매달 고정적으로 들어오는 현금 흐름이 생기자 부동산 투자에 대한 자신감이 생겼다. 그러면서 투자에도 자연스럽게 가속도가 붙기 시작했다.

물론 원룸형 도시형생활주택은 시세 차익을 크게 안겨주지는 않았다. 하지만 매달 받는 70만 원의 월세가 쌓이고 이 돈을 부동산에 재투자하며 내 자산은 눈덩이처럼 불어나기 시작했다.

처음으로 월세 받는 임대인이 되었던 경험은 단순한 수익률 이상의 의미였다. 그전까지는 오롯이 나의 노동력만으로 돈을 벌 수 있었던 내가, 처음으로 '자산이 돈을 벌어다 주는 구조'를 경험했기 때문이다. 월세 수익이 들어오기 시작하면서 나는 확신하게 되었다. 이제 정말 월급에만 의존하지 않아도 되는 인생이 시작되었다는 것을.

7평짜리 작은 집 한 채가 부동산 투자에 대한 내 생각과 자산의 흐름, 그리고 투자의 방향까지 바꾸어놓았다. 그 후 나는 '부동산 투자를 통해 내 인생의 자유를 이룰 수 있다'라는 확신을 갖고 다음 투자로 계속해서 나아갈 수 있었다.

70만 원 월세를 받게 된 것은 작은 시작이었다. 내가 부동산 투자를 계속하며 다주택자의 길로 들어서겠다고 결심하게 된 결정적인 계기는 따로 있었다.

'월세 받는 집 한 채'보다 '월세 받는 집 두 채'가 있다면? 더 큰 자유를 줄 수 있으리라는 것은 누가 봐도 확실했다. 이때부터 나는 본격적으로 초소형 아파트에 투자해서 경제적 자유의 꿈을 이룰 수 있는 부동산 투자 전략을 세우기 시작했다.

이제 나는 다음 단계로 나아갈 준비를 마쳤다. 기회는 내 생각보다 빠르게 찾아왔다.

당장의 시세 차익을 노리면
실패할 가능성이 높다

두 번째 월세형 부동산을 매수한 지 약 1년쯤 지나 다음 투자를 고민하게 되었다. 매달 꼬박꼬박 들어오는 임대 수익 덕분에 부동산 투자에 대한 확신과 자신감이 커졌기 때문이다.

그 무렵 내가 거주하고 있던 영등포구 당산동에는 신축 아파트가 거의 전무한 상황이었다. 그때 눈에 띄는 매물이 있었다. 바로, 내게 월세 수입을 안겨준 도시형생활주택의 투룸 세대였다.

일반적으로 도시형생활주택은 오피스텔과 비슷한 유형으로 인식되고 있어서 부동산 투자자들 사이에서 선호도가 낮은 투자처였다. 하지만 내가 보기에 이 단지는 예외였다.

1. 당산동에서 귀한 신축 주거 단지
2. 2호선과 5호선이 교차하는 더블 초역세권
3. 전월세 수요가 높고 공실 우려도 낮음
4. 임대 관리가 구축 아파트보다 훨씬 수월할 것으로 판단

또한 내부 구조도 일반 아파트 구조와 크게 다르지 않았고, 단지 내에 게스트하우스, 헬스장, 국공립어린이집, 넉넉한 주차 공간이 갖춰져 있었다.

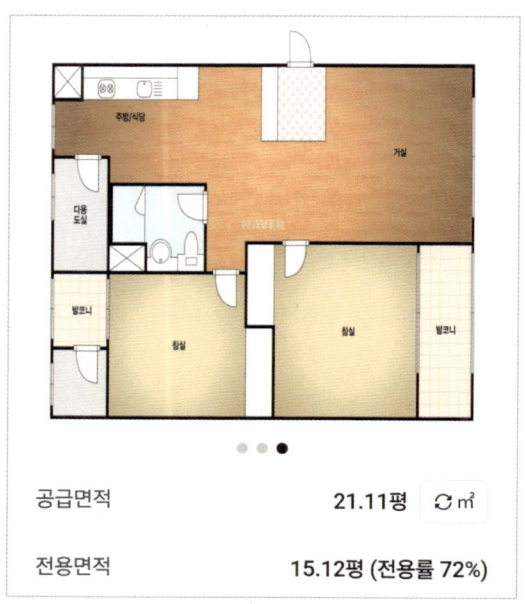

영등포구 당산동 도시형생활주택 49㎡(공급면적 21평) 평면도 (출처: 네이버부동산)

투자 이유	첫 월세 수익의 안정성과 자신감
매수 대상	당산동 도시형생활주택 투룸
선택 이유	근처 유일한 신축, 초역세권, 편의 시설, 임대 수요 풍부
투자 방식	전세를 활용한 갭투자

영등포구 당산동 도시형생활주택 투자 수익

항목	내용
면적(공급면적)	49㎡(21평)
매수 가격	4억 4,600만 원 (2015년)
매도 가격	3억 9,500만 원 (2017년)
필요경비 등	960만 원
보유 기간	1년 4개월
양도 차익	5,100만 원
양도세	600만 원
순수익	▲3,500만 원

이런 장점들은 임차인 입장에서 매우 매력적인 요소였고, 이미 같은 단지에 원룸을 임대 중이기 때문에 안정적인 임대 수익을 기대할 수 있겠다는 확신이 들었다. 나는 이곳의 투룸을 갭투자 방식으로 매수했고, 이후 계속해서 이 단지의 원룸과 투룸을 순

차적으로 추가 매입하면서 불과 얼마 지나지 않아 4채의 부동산을 보유한 다주택자가 되었다.

이렇게 세 번째 투자로 내가 거주하던 집 근처, 당산동 도시형 생활주택의 투룸을 전세를 끼고 3억 9,500만 원에 매수했다. 이때 내 실제 투자금은 4,000만 원이 조금 넘는 수준이었다. 전세 보증금을 활용한 '갭투자' 방식 덕분에 적은 자본으로도 세 번째 집을 계약할 수 있었다.

2015년, 세 번째 부동산을 매수할 때까지만 해도 대출은 전혀 받지 않은 상태였다. 하지만 2016년에 접어들며 상황이 달라졌다. 기준 금리 인하로 저금리 시대가 본격화되었고, 시중 은행의 주택담보대출 금리도 눈에 띄게 낮아졌다.

당시 정부는 이른바 '빚내서 집 사라'는 정책 기조를 내세우며, 금리 인하를 통한 주택담보대출 활성화에 적극 나섰다. 이자 부담이 줄어들자 대출을 활용해 집을 사는 사람들이 늘어나기 시작했고, 그동안 정체되어 있던 집값도 서서히 상승세로 돌아섰다.

이런 분위기 속에서 나 역시 조급해졌다. '지금 집을 사지 않으면 기회를 놓치는 건 아닐까?' 월급 외에도 매달 70만 원의 월세 수익이 있었기에 대출 이자 상환도 충분히 감당할 수 있을 것 같다는 계산이 섰다. 그렇게 나는 2016년에 생애 처음으로 살고 있던 집의 담보 대출을 활용해 추가 매수를 결심하게 되었다.

　네 번째 부동산 투자는 서울 강남 3구 중 하나인 송파구 잠실동이었다. 눈에 들어온 매물은 5,000세대가 넘는 대단지의 27㎡ ^{공급면적 12평} 초소형 아파트였다. 2호선 잠실새내역과 바로 붙어 있는 초역세권의 롯데월드타워가 내려다보이는 뷰가 아름다운 탁월한 입지의 아파트였다.

송파구 잠실동 아파트 27㎡(12평) 평면도 (출처: 네이버부동산)

이 아파트도 불과 1년 전보다 무려 8,000만 원이나 오른 상황이었지만, 나는 살고 있던 당산동의 아파트를 담보로 1억 3,000만 원의 대출을 받아 잠실의 이 아파트를 과감히 매수했다.

잠실 아파트는 대출을 활용한 첫 투자였다. 처음엔 대출을 받는 것이 두려웠지만, 결국 이 결정이 내가 '다주택자의 길'을 본격적으로 걷게 만들어준 전환점이 되었다.

매수 시기	2016년
투자 대상	송파구 잠실동 27㎡(공급면적 12평) 초소형 아파트
매수 방식	갭투자 (거주 중인 아파트를 담보로 1억 3,000만 원 대출)
투자 계기	저금리 전환, 자산 상승 기대, 월세 수익으로 생긴 자신감

송파구 잠실동 아파트 투자 수익	
항목	내용
면적(공급면적)	27㎡(12평)
매수 가격	5억 3,000만 원 (2016년 매수)
매도 가격	5억 4,000만 원 (2017년 매도)
필요 경비 등	1,100만 원
보유 기간	6개월

양도 차익	1,000만 원
양도세	없음
순수익	▼100만 원

잠실의 초소형 아파트를 대출 받은 돈으로 매수할 당시, 이자율은 연 2.8% 수준이었다. 원금 상환을 유예할 수 있는 거치식 대출이었기에, 매달 이자 30만 원만 납부하면 되었다.

이렇게 세 번째와 네 번째까지, 연달아 갭투자 방식으로 부동산을 매수하며 어느새 4주택자가 되었다. **무주택 상태에서 두 번째 부동산을 매수하기까지는 무려 12년의 시간이 걸렸지만, 세 번째와 네 번째 투자는 각각 1년이라는 짧은 시간 안에 이뤄졌을 정도로 투자에 속도가 붙었다.**

다만, 처음 대출을 활용해서 갭투자를 했던 잠실 아파트는 내게 심리적 부담을 안겨주었다. 대출 없이 투자했을 때는 월세가 들어오면 집값이 오르든 내리든 마음이 편했지만, 1억 3,000만 원이라는 거액의 대출을 처음 받아보니 매일매일 집값이 오르기만을 바라는 조급함에 시달렸다.

내가 매수하기 전까지는 잘만 오르던 집값이 막상 내가 사자마자 정체되는 느낌이었다. 투자에 대한 자신감은 있었지만, 단기간에 큰 수익을 올리겠다는 욕심과 투자에 대한 확신 없이 매수한 부동산은 나를 불안하게 만들었다.

4채의 부동산을 보유하면서 납부해야 할 재산세 부담도 컸다. 연간 200만 원이 넘는 재산세 고지서를 받아들고는 고민이 시작되었다. **결국, 투자에 대한 확신 없이 갭투자를 했던 부동산 2채는 각각 1년 4개월, 6개월 만에 급하게 매도하게 되었다.**

당산동 투룸 도시형생활주택의 경우 집값이 조금 올라 5,100만 원의 시세 차익이 있었지만 2년 이상 보유 후 매도를 해야 양도세가 줄어든다는 세금 지식이 부족해 예상보다 많은 세금을 납부하게 되었고, 실제 순수익은 3,500만 원에 그쳤다.

잠실 아파트도 6개월이라는 짧은 보유 기간 동안 시세 차익이 1,000만 원밖에 나지 않았고, 취득세와 중개수수료 등 거래 비용으로 1,100만 원이 들었기에 오히려 100만 원의 손해를 보고 매도하게 되었다. **한마디로, 시간과 기회를 모두 낭비한 셈이었다. 이 경험은 나에게 명확한 교훈을 남겼다.**

"확신 없는 투자와 단기 수익을 노리는 투자는 실패할 가능성이 높다."

이때의 갭투자 실패 경험 이후 단기간 시세 차익을 노리지 않고 장기 보유 전략으로 전환했고, 절세를 위한 세금 공부도 본격적으로 시작했다.

투자 실수	확신 없는 갭투자, 조기 매도, 절세 지식 부족
투자 수익 결과	당산: 순수익 3,500만 원 / 잠실: 손실 100만 원
투자 실패 교훈	단기 투자는 실패 확률이 높다 / 세금 공부의 중요성
투자 전략 변경	장기 보유

이후 지금까지 보유 중인 부동산들은 집값이 오르든 내리든 매도하지 않고 장기 보유 중이다.

부동산 투자에서 임장을 꼭 하지 않아도 되는 이유

2008년 처음으로 부동산 투자를 시작한 이후 8년 동안 총 4채의 집을 매수했고, 이 중 2채는 매도까지 해보았다. 나름대로 부동산 매수와 매도의 경험을 다양하게 해본 셈이었지만, 그때까지도 나는 '분양권 투자'의 구조조차 제대로 이해하지 못한 '부린이'였다.

신축 아파트 분양권은 계약금 10%만 있으면 중도금은 전액 대출이 가능하다는 사실조차 몰랐다. 분양권 계약이라는 걸 한 번도 해본 적이 없었고, 당연히 중도금은 모두 직접 납부해야 하는 줄로만 알았던 것이다.

2017년 봄, 갭투자에 대한 확신 없이 투자했던 당산동 도시형생활주택 투룸과 잠실 대단지의 초소형 아파트를 모두 매도했다. 두 채를 정리한 후 손에 들어온 현금은 약 1억 7,000만 원. 이 중 1억 3,000만 원은 살고 있던 집을 담보로 받은 대출금이었다. 그 대출은 거치 기간이 적용된 대출이어서 당장 원금을 상환할 필요는 없었고, 매달 30만 원 정도의 이자만 내면 됐다.

처음에는 대출을 바로 상환해버릴지 고민했다. 하지만 이왕 받은 대출을 계속해서 부동산 투자에 활용해보는 건 어떨까라는 생각이 들었다. 다음에 또 대출을 받으려면 직장인지라 휴가를 내서 은행에 방문하고, 서류를 준비하고, 심사를 거쳐야 했던 복잡한 과정을 다시 겪고 싶지 않았다. 이 대출금을 효율적으로 부동산 투자에 활용할 방법을 고민하기 시작했다.

이번에는 투자 가치가 정말 확실한, 미래에 시세 상승이 예상되는 아파트를 사고 싶었다. 그 즈음, 네이버부동산 커뮤니티에서 우연히 하나의 글을 발견했다. **서울 송파구 가락동에서 재건축 중이던 9,810세대 대단지 아파트의 분양권에 대한 정보였다.**

2017년부터는 부동산 커뮤니티와 카카오톡 단체 채팅방이 점점 활성화되기 시작하면서 부동산 관련 정보도 예전보다 훨씬 쉽게 접할 수 있게 되었다. 덕분에 신축 아파트 분양권의 투자 방식을 처음으로 제대로 이해할 수 있게 되었다.

신축 아파트 분양권 투자 방식은 아파트 분양권을 매수할 때 프리미엄^{웃돈}과 계약금으로 분양 가격의 10%만 지불하면, 중도금은 전액 대출을 받을 수 있다는 구조였다. 아파트가 준공되면 전세 세입자를 구해서 중도금과 잔금을 모두 해결할 수도 있고, 내가 입주하기를 원한다면 중도금 대출을 잔금 대출로 전환하여 부족한 돈은 대출을 받아 입주할 수도 있었다.

이런 아파트 분양권의 투자 구조를 이해하고 나니 기존에 내가 해왔던 구축 아파트 갭투자 방식보다 훨씬 매력적인 투자라는 생각이 들었다. **무엇보다 갭투자보다 투자금이 적게 들었고, 분양권을 계약한 이후 아파트를 준공하기까지의 시간 동안 추가 자금을 저축할 시간적인 여유도 있다는 점도 마음에 들었다.**

게다가 신축 아파트만이 갖고 있는 단지 내 커뮤니티 시설도 큰 매력 포인트였다. 그때까지 난 단 한 번도 신축 아파트의 커뮤니티를 직접 경험해본 적이 없었는데, 분양권 투자에 대한 정보를 찾으며 알게 된 커뮤니티 시설은 정말 마음에 들었다.

이전에 갭투자를 했던 잠실동의 초소형 아파트도 5,000세대 대단지가 마음에 들었다. 송파구 가락동에 새로 짓고 있던 이 재건축 아파트는 무려 9,810세대로 전국에서 가장 많은 세대수를 자랑했다. 아파트 단지 내부에는 헬스장, 농구장, 수영장은 물론 실

내 온실과 식당까지 있다고 하니 끌리지 않을 수가 없었다.

이 아파트에서 많은 사람이 선호하는 구조는 방 3개, 화장실 2개의 59㎡^{공급면적 25평}였다. 그리고 '국민평수'로 불리는 84㎡^{공급면적 34평}는 가격이 높아 당시 내 여력으로는 매수할 수 없는 금액이었다.

그래서 이곳에서 가장 작은 평수인 방 2개, 화장실 1개 구조의 39㎡^{공급면적 18평}를 매수하기로 결정했다. 1인 가구인 내가 실거주하는 것도 가능했고, 송파역 초역세권이라 강남 직장인들의 임대 수요도 충분할 거라 판단했다.

네이버부동산에서 가장 저렴한 매물 순으로 정렬하니 가격이 조금 저렴한 매물 하나가 눈에 들어왔다. 곧바로 해당 부동산에 전화를 걸었고 "지금 바로 계약 가능하다"는 말을 듣고 망설임 없이 계약을 하겠다고 했다.

그렇게 송파구 가락동 9,810세대 재건축 아파트의 39㎡^{공급면적 18평} 분양권 계약을 체결했다. 이때 총 매수 가격은 5억 7,091만 원이었다. 분양권의 중도금은 전부 대출을 받았기 때문에 신축 아파트 분양권을 매수한 총 투자금은 약 1억 3,000만 원이었다.

분양권을 계약한 2년 이후 아파트가 준공되어 입주가 시작됐을 때 보증금 4억 3,000만 원에 전세 임대를 놓아 추가 투자 비용 없이 중도금 대출을 모두 상환했다.

이 분양권은 입주 이후 몇 년 만에 급격히 시세가 상승했다. 2025년 KB부동산 시세 기준, 아파트 가격은 14억 1,667만 원까지 올랐다. 내가 매수했던 금액 대비 무려 8억 4,576만 원의 시세 차익을 기록한 셈이다.

송파구 가락동 아파트 투자 내역	
항목	내용
면적(공급면적)	39㎡(18평)
매수 가격	5억 7,091만 원 (2017년 매수)
시세 (KB부동산 기준)	14억 1,667만 원
임대 내역	보증금 6억 원
보유 기간	8년 (보유 중)
시세 차익	▲8억 4,576만 원

사실 그때까지 나는 가락동에 한 번도 가본 적이 없었다. 다만 이곳이 '신축 아파트'라는 점과, 아파트 단지 안에 수영장, 온실, 헬스장, 게스트하우스 같은 '거대한 커뮤니티 시설'에 끌려 계약을 결심했다.

송파구 가락동 아파트 39㎡(공급면적 18평) 평면도 (출처: 네이버부동산)

그런데 부동산 계약을 하기 위해 처음 가락동을 찾아갔을 때 솔직히 실망이 좀 컸다. 같은 송파구인 잠실동과 분위기가 비슷하겠거니 생각했는데 가락동과 잠실동의 동네 분위기는 상당히 달랐던 것이다.

나중에 든 생각은 만일 이곳을 매수하기 전 미리 임장을 와봤더라면 아마도 이 아파트는 매수하지 않았을 수도 있겠구나 하는 것이다. **하지만 그렇게 임장 한 번 가본 적 없이 계약한 이 집이 지금 내가 보유한 부동산 중에서 가장 높은 시세 차익을 안겨줬다.**

이때의 경험을 통해 '부동산 투자는 공부만 해서는 할 수 없다'라는 사실을 깨달았다. 투자는 때로는 정보보다 결단이 먼저고, 투자에 대한 실제 경험 없이 입지 분석만 하다 투자의 기회를 놓치는 경우가 더 많다.

내게 가락동 아파트의 분양권을 팔았던 매도자는 당시 유주택자이었음에도 운 좋게 청약에 당첨되는 행운을 얻었다고 했다. 그런데 너무 작은 평수라 시세 상승의 한계가 있고 나중에 팔기도 어려울 것 같다며 투자에 대한 확신이 없어서 분양권을 매도했던 것이다.

그 결과 분양권 매도자는 7,000만 원의 프리미엄을 받고 분양권을 팔았고, 나는 8년간 장기 보유를 통해 8억 원이 넘는 시세차익을 기록했다.

누군가는 불안해서 팔고, 누군가는 확신을 갖고 산다. 투자 방식에 따라 수익률도 달라진다. 어떤 방식이 맞고 틀리다가 아니라 저마다의 방식이 다른 셈이다. 내 경우는 부동산 투자에 있어서 결국 중요한 것은 '입지 분석'도 '임장'도 아니라는 것이다. 무엇보다 '자신의 판단에 대한 확신'과 '그것을 실행하는 능력'이 중요하다는 것을 이때 뼈저리게 느꼈다.

2017년 송파구 가락동 신축 아파트 분양권을 계약하면서 공인중개사님께 배운 한 가지 팁이 있다. 이 경험은 이후 투자에서도 '급매'를 놓치지 않고 계약할 수 있었던 결정적 계기가 되었다.

내가 샀던 분양권은 시세보다 조금 저렴한 프리미엄으로 매물로 나왔던 것이다. 공인중개사님은 분양권을 사겠다는 내 말에 가계약금 2,000만 원을 매도자의 계좌로 바로 송금하라고 했다.

가계약금은 정식 계약 이전에 매물을 예약해두는 의미로 일부 금액을 먼저 송금해놓는 것이다. 몇 백만 원 정도의 금액이 일반적인데 공인중개사님은 나에게 2,000만 원을 보내라고 했다. 처음에는 가계약금 금액이 다소 커서 놀랐지만 나는 이 분양권을 꼭 사고 싶어서 바로 2,000만 원을 매도자에게 보냈다. **그리고 결국 가계약금 덕분에 분양권을 살 수 있었다.**

정식 계약을 하기로 한 날, 회사 퇴근 시간 이후 저녁 7시에 약속을 잡았는데 약속 시간이 지나도 매도자가 부동산 사무실에 나타나지 않았다. 알고 보니 매도자는 배우자와 상의 없이 분양권을 내놓았고 배우자의 반대로 나오지 못하고 있었던 것이다.

매도자를 기다리는 동안 혹시라도 계약이 파기될까 걱정되는 상황이었지만 이미 매도자의 계좌로 가계약금 2,000만 원이 입금된 상태였고, 만일 매도자가 계약을 파기하면 위약금으로 가계약금의 두 배인 4,000만 원을 내게 배상해야 하는 상황이었다.

나중에 들어보니 공인중개사님은 당시 분양권 가격이 조금씩 오르는 추세여서 가계약금을 너무 적게 보내면 매도자가 쉽게 마음을 바꿀 수도 있어서 내게 처음부터 큰 금액을 보내라고 했다고 한다. 결국 밤 9시가 넘어서야 매도자 부부가 부동산 사무실에 나타났고 서로 어색한 분위기 속에서 계약서를 작성했다.

송파구 가락동의 분양권을 계약한 이후 서울 부동산 시장은 빠르게 상승 곡선을 그리기 시작했다. 이때의 경험을 통해 정말 사고 싶은 매물이 있다면 매도자에게 고민할 시간을 주지 않고 과감하게 가계약금을 바로 송금하는 것이 때로는 계약 성사의 열쇠가 될 수 있다는 실전 투자 팁을 얻을 수 있었다.

투자한 부동산에 대한
자금출처 조사를 대비하자

2017년, 가락동 신축 아파트 분양권 계약을 무사히 마치고 몇 달 뒤 송파구청에서 '부동산 거래신고 자금 출처 소명서'라는 등기우편이 날아왔다. **이 시기는 제19대 대통령 선거 이후 서울 집값이 가파르게 오르던 시점이었다.**

부동산 거래량이 급증하고 집값도 큰 폭으로 상승하자 국세청과 각 지자체는 부동산 자금 출처에 대한 대대적인 조사를 진행했고, 나도 그 대상에 포함되었다. **부동산 투자 자금을 소명하라는 등기 우편을 받았을 때는 가슴이 철렁했지만, 분양권을 매수한 자금은 100% 내가 저축한 돈과 대출이었기 때문에 어려움 없이 소명서를 제출할 수 있었다.**

그런데 문제는 그로부터 2년 뒤, 두 번째 자금 출처 조사가 또한 번 날아온 것이었다. 이번에는 제출 기한이 단 일주일이었고, 불성실 신고 시 과태료가 무려 3,000만 원이라는 경고 문구까지 함께 적혀 있었다.

부동산 투자 자금의 100%가 내 돈이라서 떳떳했지만, 2년 전 어느 통장에서 계약금과 잔금을 보냈는지 전혀 기억이 나지 않았다. 당시에는 여러 개의 통장을 중구난방으로 사용하고 있었기 때문에 은행 홈페이지에 들어가 하나하나 계좌를 조회하며 기억을 되짚어야 했다.

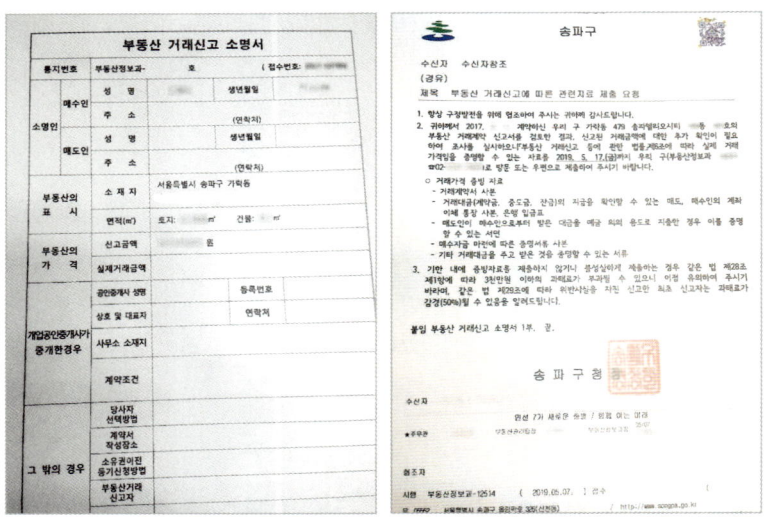

송파구청에서 보낸 부동산 거래신고 소명서

우여곡절 끝에 자금 출처 소명서를 제출했고, 다행히 큰 문제 없이 넘어갈 수 있었다. **이 일을 겪은 뒤 나는 모든 부동산 관련 자금 흐름을 하나의 은행 계좌로 통합했고, 혹시 나중에 다시 조사가 들어올 경우를 대비해 당시 제출했던 자금 출처 소명서의 사본도 지금까지 보관하고 있다.**

또한 계약서, 임대차계약서, 재산세 내역 등 모든 자료를 철저하게 정리해 보관해두는 습관이 생겼다. **실제로 나는 내가 투자한 부동산에 대한 모든 정보들을 다음과 같이 표로 정리해서 관리하고 있다.**

그 당시는 부동산 가격이 상승하고 투자 수요도 증가해서 부모님께 증여세 신고 없이 투자 자금을 지원받거나, 본인의 돈으로 매수한 분양권을 가족 명의로 취득하는 꼼수를 쓰는 사람들도 종종 있었다.

부동산 투자 자금의 흐름이 투명하지 않으면, 자금 출처조사에서 걸려 세금 추징은 물론 가산세까지 부과되는 경우도 생긴다. 나는 자금 출처에 대한 조사를 두 번씩이나 받았던 경험을 통해 불필요한 리스크를 줄이기 위해서라도 투자 자금의 흐름을 철저히 관리해야 한다는 교훈을 얻었다.

번호	1	2	3	4	5	6	7
지역 · 면적	송파구 가락동 61.37/ 39.1㎡	영등포구 당산동 도시형 생활주택 70.17/ 49.98㎡	영등포구 당산동 도시형 생활주택 57.04/ 38.77㎡	영등포구 당산동 도시형 생활주택 25.12/ 16.53㎡	영등포구 당산동 도시형 생활주택 25.12/ 16.53㎡	경상북도 구미시 98.48/ 74.97㎡	경기도 광명시 48.44/ 32.58㎡
계약일 · 잔금일	17.05 19.03	17.12 17.12	17.05. 17.09.	14.05. 14.10.	17.05. 17.05.	20.01. 20.05.	18.01. 21.01.
현재 시세 · 매수 가격	14억1667 5억7091	8억750 4억9000	6억9500 3억9000	3억2500 1억6040	3억1000 2억4400	3억2000 2억8560	3억7500 2억4000
양도 차익	8억4576	3억1750	3억1500	1억6460	6600	3440	1억3500
월세 누적	117 (25.12)	624 (25.12)	35 (25.12)	2958 (25.12)	633 (25.12)		
임대료 (계약 만기일)	6억 월13 27.04.20	3억7000 월48 26.11.19	4억1700 월7 27.08.04	1억8500 월21 24.05.20	1억9500 월22 25.12.27	1억9900 27.06.03	2억8000 26.07.21
필요 경비	4,380,780	9,188,370 (보일러95)	6,343,860	3,828,900 (보일러85)	4,047,908	17,484,634	3,415,140
소모성 지출	14,995,130	2,134,990	4,071,500	3,373,272	1,849,410	515,820	1,722,170
재산세 누적	783,900	1,735,931	159,140	364,520	35,520	1,628,340	1,705,660

실제로 내가 투자한 부동산에 대해 기록해놓은 모든 정보들

초소형 주택 갭투자를 통한
안정적인 임대 수익과 시세 상승

 2017년에는 전세금 상승으로 인한 임대 보증금의 증액을 통해 투자 자금을 마련하고, 이 자금으로 초소형 주택에 집중한 갭투자를 본격적으로 시작하게 되었다.

 당시는 부동산 커뮤니티와 카카오톡 부동산 단톡방을 통해 투자에 대해 눈을 떠가던 시기였다. 점점 더 부동산 투자에 대한 확신이 생기면서 '지금 갖고 있는 현금을 최대한 활용해 레버리지를 일으켜야 한다'는 생각이 강하게 들었다.

 마침 2014년에 매수해서 월세 70만 원을 받고 있던 원룸 도시형생활주택의 임차인이 이사를 나가게 되면서 월세를 전세로 전환했다. 새로운 세입자와 보증금 2억 2,000만 원에 전세 계약을 체결했다. 3년 전 1억 6,000만 원에 매수했던 공급면적 7평짜리 집의 전세가가 2억 2,000만 원까지 오른 것을 보며, 갭투자로 집을 더 늘려야겠다는 확신이 들었다.

회사에 다니며 투자를 병행해야 했기에 내가 살고 있던 당산동에 눈이 갔다. 이미 원룸 1채를 보유하고 있던 익숙한 단지이기도 해서, 같은 단지의 도시형생활주택 원룸 1채와 투룸 2채, 총 3채를 추가로 갭투자를 했다. 그렇게 실거주 집 1채와 도시형생활주택 4채를 포함해 총 5채의 주택을 보유하게 되며, 자연스럽게 다주택 임대사업자의 길에 들어서게 되었다.

이 도시형생활주택 4채는 아직까지도 보유 중이며, 꾸준한 임대 수익과 함께 안정적인 시세 상승을 가져다주고 있다. 다음은 내가 보유한 도시형생활주택 4채의 투자 내역과 시세 차익을 정리한 표다.

영등포구 당산동 도시형생활주택, 왼쪽부터 각각 16㎡(7평), 38㎡(17평), 49㎡(21평)
(출처: 네이버부동산)

영등포구 당산동 도시형생활주택 투자 내역

항목	내용
면적(공급면적)	16㎡(7평)
매수 가격	1억 6,040만 원 (2014년 매수)
시세 (KB부동산기준)	3억 2,500만 원
임대 내역	보증금 1억 8,500만 원 / 월세 21만 원
보유 기간	11년 (보유 중)
시세 차익	**▲1억 6,460만 원**

영등포구 당산동 도시형생활주택 투자 내역

항목	내용
면적(공급면적)	16㎡(7평)
매수 가격	2억 4,400만 원 (2017년 매수)
시세 (KB부동산기준)	3억 1,000만 원
임대 내역	보증금 1억 9,500만 원 / 월세 22만 원
보유 기간	8년 (보유 중)
시세 차익	**▲6,600만 원**

영등포구 당산동 도시형생활주택 투자 내역

항목	내용
면적(공급면적)	38㎡(17평)
매수 가격	3억 9,000만 원 (2017년 매수)
시세 (KB부동산기준)	6억 9,500만 원
임대 내역	보증금 4억 1,700만 원 / 월세 7만 원
보유 기간	8년 (보유 중)
시세 차익	▲3억 500만 원

영등포구 당산동 도시형생활주택 투자 내역

항목	내용
면적(공급면적)	49㎡(21평)
매수 가격	4억 9,000만 원 (2017년 매수)
시세 (KB부동산기준)	8억 750만 원
임대 내역	보증금 3억 7,000만 원 / 월세 48만 원
보유 기간	8년 (보유 중)
시세 차익	▲3억 1,750만 원

이처럼 남들이 선호하지 않는 작은 평수의 도시형생활주택이라도 지역과 투자 타이밍을 잘 고르면 안정적인 투자 수익을 가져다준다는 것을 직접 경험하게 되었다. 초소형 주택 투자에 대한 확신은 이때부터 생기기 시작했다.

지금은 이렇게 지난 투자 경험을 덤덤하게 말할 수 있지만, 당시에는 결코 쉬운 결정이 아니었다. 상의할 사람 하나 없이 모든 결정을 오롯이 혼자 내려야 했기에 수없이 많은 고민과 불안이 뒤따랐다.

'이 투자가 실패하면 지금까지 쌓아온 모든 것이 무너질 수 있다'는 두려움 속에서도 나를 지탱해준 힘은, '아직은 젊기에 다시 시작할 수 있다'는 믿음이었다. 만약 오십을 바라보는 지금 내 나이에서는 아마 그때 가졌던 용기를 쉽게 내지 못했을 것 같다. 모든 일에는 '때'가 있다는 말처럼, 투자에도 반드시 때가 있다.

처음부터 완벽한 집을 찾아다니며 시간만 보내기보다는, 내 경제적 수준에 맞춰 눈높이를 조정하고 무리하지 않는 선택을 해나가는 것이 훨씬 현실적이다. 그렇게 계단을 하나씩 오르듯 투자 단계를 밟아 나간 것이 결국 나를 이만큼 성장시켜주었다.

대중이 선호하지 않는 투자 대상이라 하더라도, 초소형 아파트와 도시형생활주택처럼 틈새를 공략하는 투자 전략이 내 경험으로 증명한 '작지만 강한' 투자 방법이다.

로또처럼 한 번에 큰돈을 벌 기회는 거의 없다. 하지만 작고 확실한 수익을 천천히 쌓아가는 전략은 누구에게나 열려 있다.

원룸 도시형생활주택 2채로
연수익률 17% 달성

　내가 보유 중인 주택 중 두 채는 많은 사람이 투자하기를 극도로 꺼려 하는 16㎡(공급면적 7평) 면적의 원룸형 도시형생활주택이다. 더 넓은 면적의 주택에 투자할 자금 여력이 없었기 때문에 당시 내 상황에서 가능한 최선의 선택이었다. 2014년 1억 6,040만 원에 첫 번째 도시형생활주택을 매수했고, 이후 2017년에는 2억 4,400만 원에 같은 단지의 한 채를 추가로 매수했다.

　투자한 지 각각 11년과 8년이 지난 지금, 임대료가 계속해서 상승한 덕분에 두 주택 모두 초기 투자금의 상당 부분을 회수할 수 있었다. 매수 시 납부한 취득세와 현재까지 부담한 보유세(재산세) 등 모든 비용을 포함하더라도 실투입 투자금은 약 3,000만 원 수준이다. 두 채 모두 반전세 형태로 소액의 월세를 받고 있고, 현재

연간 월세 수입은 총 516만 원이다. 연간 실질 임대수익률은 무려 17.2%이다.

영등포구 당산동 7평 원룸 도시형생활주택 1호

항목	내용
임대 내역	보증금 1억 8,500만 원 / 월세 21만 원
보유 기간	11년

영등포구 당산동 7평 원룸 도시형생활주택 2호

항목	내용
임대 내역	보증금 1억 9,500만 원 / 월세 22만 원
보유 기간	8년

그동안 내 블로그를 통해 많은 사람이 "평수가 작은 초소형 주택에 투자해도 되느냐"는 질문을 해왔다. 내 경험이 그 질문에 대한 확실한 답이다. 나는 단기간 큰돈을 벌겠다는 욕심을 내려놓고 아파트가 아닌 원룸 도시형생활주택의 장기 보유 전략으로 임대 수익을 꾸준히 쌓아 안정적인 월세 흐름을 만들 수 있었다.

자금이 넉넉하지 않더라도 자신에게 맞는 투자 규모와 전략을 세운다면 부동산 투자에서 얼마든지 기회를 잡을 수 있다. 당시 내게는 이 작은 원룸이 내 자금 상황을 고려한 최선의 선택, 말 그대로 '나만의 똘똘한 한 채'였다.

처음부터 너무 완벽한 조건을 찾으려 한다면 투자할 타이밍을 늦출 뿐이다. 부동산 투자에서 중요한 것은 투자 가치가 높은 입지와 선호도 높은 평수가 아니라 '이 집이 내게 맞는 투자인가?'이다. 꼭 비싼 신축 아파트가 아니어도, 인기 지역이 아니어도, 내가 감당할 수 있는 범위 안에서 한 걸음씩 나아가면 투자의 길은 열린다.

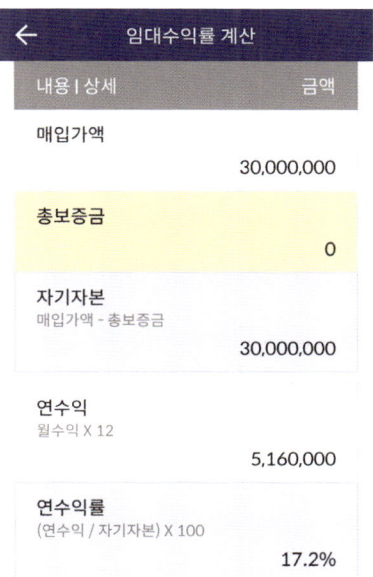

영등포구 당산동 도시형생활주택 16㎡(공급면적 7평) 임대수익률
(출처: 부동산 계산기 앱)

원룸 도시형생활주택 2채로 연수익률 17% 달성

매도했던 집을 8개월 만에 다시 매수한 사연

2017년 4월, 나는 도시형생활주택 49㎡^{공급면적 21평} 투룸을 투자에 대한 확신이 부족했던 탓에 보유한 지 1년 4개월 만에 매도해버렸다. 그러나 불과 8개월 후인 같은 해 12월, 나는 다시 같은 단지의 같은 평형을 매수했다.

집값이 기대만큼 빠르게 오르지 않자 갭투자로 보유했던 도시형생활주택 투룸을 매도해버렸다. 그런데 내가 매도하자마자 집값은 오르기 시작했다. 투자 이후 느긋하게 기다리지 못한 판단이 아쉬웠고, 더 오르기 전에 다시 투자를 해서 실수를 만회해야겠다는 생각에 마음은 더욱 급해졌다.

그러던 중, 매도했던 단지의 같은 평수 매물이 나왔다는 부동산의 전화를 받자마자 집 내부도 보지 않고 바로 계약을 진행했다. **2017년 4월 매도한 이후 같은 해 12월에 다시 같은 단지의 49㎡를 매수한 것이었다.**

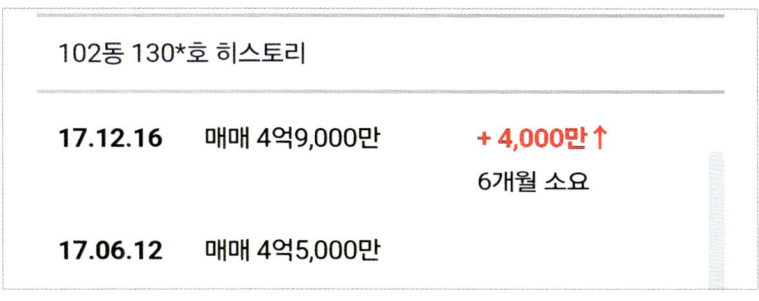

매도 후 다시 매수한 집의 히스토리 (출처: 아파트실거래가 앱)

   당시 내가 매도했던 가격은 4억 4,600만 원이었는데, 다시 매수한 가격은 4억 9,000만 원이었다. 8개월 만에 4,000만 원이 넘는 손해를 본 셈이었다. 그냥 계속 보유하고만 있었더라도 큰돈을 아낄 수 있었던 것이었다.

   하지만 이때 급하게 매도를 했던 실수를 통해 부동산 투자는 '장기전'이라는 교훈을 얻었고, 이 일은 오히려 다음 투자로 나아가는 데 도움이 되었다. 직접 겪은 이 경험으로 실전만큼 확실한 공부는 없다는 것을 절실히 느꼈다.

그 집의 매도자는 전업주부였다. 매도자도 이 집을 장기 보유하지 않고 매수한 지 6개월 만에 4,000만 원의 차익을 남기고 되팔았는데, 그 이유가 의외였다. 매도자가 해당 주택을 추가로 매수함으로써 남편의 직장 건강보험 피부양자 자격이 박탈되어 지역가입자로 전환되면서 건강보험료를 추가로 납부해야 하기 때문이라고 했다.

이 집은 시간이 흘러 8년 후 실거래가 기준으로 8억 원까지 올랐다. 약 3억의 시세 차익이 발생한 것이다. 현재 전세 시세만 해도 5억을 훌쩍 넘는다.

물론 건강보험료 부담이 현실적으로 적지 않았을 것이다. 현금이 부족하면 누구든 겪을 수 있는 문제다. 하지만 만약 그 매도자

계약	일	정보	가격 ↓	타입	거래동	층
25.04	29		매매 7억 9,000	49D		14층
	26		매매 8억	50ABE		8층
	01		매매 7억 8,000	49D		3층
25.03	21		매매 7억 8,500	49D		10층
	07	등기	매매 7억 5,500	49D	102동	3층
	02		매매 7억 9,500	49D		8층
25.02	16		매매 7억 7,700	49C		6층
	15	등기	매매 7억 6,000	49C	101동	11층
	04	등기	매매 7억 8,000	49D	102동	19층
25.01	27	등기	매매 7억 8,500	49D	102동	12층

계약	일	정보	가격 ↓	타입	거래동	층
25.05	16	갱신	전세 4억 4,000	49C		10층
25.04	10		전세 5억 3,000	49D		15층
	05	갱신	전세 4억 7,250	49D		13층
25.03	28	갱신	전세 4억 4,100	49D		10층
	17		전세 5억 5,000	49D		3층
25.02	28		전세 5억 4,000	49D		4층
	15		전세 4억 5,150	49D		11층
	12	갱신	전세 4억 2,000	49D		5층
	03		전세 4억 9,000	49D		14층
25.01	17	갱신	전세 4억 5,150	49D		10층

2017년 12월 매수한 집의 전세와 매매 현재 실거래가 (출처: 아파트실거래가 앱)

가 집을 조금만 더 보유했다면 추가 납부해야 할 건강보험료보다 훨씬 큰 투자 수익을 올릴 수 있었을 것이다.

전세가가 올라 투자 원금이 모두 회수된 상황이니 자본금 '0원'으로 무한대 수익률을 달성할 수도 있었다.

그 당시에는 단기 시세 차익을 거둔 매도자가 부러웠다. 그러나 이 부동산을 장기 보유하는 과정에서 훨씬 더 많은 수익을 내는 것을 보고 **부동산은 단기로 사고팔아 시세 차익을 내기보다, 장기 보유를 통해 복리 효과를 누릴 때 더 큰 수익을 얻을 수 있다는 사실을 알게 되었다.** 이후부터는 집값이 잠시 떨어지거나 부동산 시장의 분위기가 정체되더라도 마음이 조급해지지 않았다.

눈앞의 이익에 보고 좋은 입지의 부동산을 매도하는 것은, 마치 황금알을 낳는 거위의 배를 가르는 것과 같다. 지금 막 투자를 시작해서 눈에 띄는 수익이 없다고 조급한 생각을 하는 분들도 있을 것이다. **하지만 시간의 복리 효과를 믿고 기다린다면, 어느 순간 부동산은 기대 이상의 수익을 안겨줄 것이다.**

한 번도 가본 적 없는, 뉴타운인지도 몰랐던 광명 투자

그렇게 단기 시세 차익보다는 장기 보유의 중요성을 깨달은 나는 이후엔 낯설고 생소한 지역에서도 투자 기회를 잡을 수 있는 시야가 열리기 시작했다. 그 경험이 바로, 한 번도 가본 적 없던 '광명동'에서 뉴타운인지도 모르고 투자하게 된 신축 복도식 아파트였다.

 부동산 용어 설명

✓ **뉴타운**New Town
기존의 낡고 오래된 주거 지역(빌라촌, 다세대 밀집 지역 등)을 대규모로 정비해서 새롭게 도시를 만드는 개발 사업.

- 서울: 신길뉴타운, 은평뉴타운, 길음뉴타운, 왕십리뉴타운, 흑석뉴타운, 이문휘경뉴타운, 장위뉴타운
- 경기: 광명뉴타운, 안양만안뉴타운

2018년 1월의 어느 주말, 카카오톡 부동산 투자 단톡방에 목동에 있는 모델하우스에서 광명시 신축 아파트의 미분양 무순위 청약 물량이 나온다는 소식을 들었다. 일명 '줍줍'이라 불리는 이 방식은, 부적격 또는 미계약으로 남은 잔여 세대에 대해 추첨 방식으로 청약 당첨자를 선정하는 제도였다. 유주택자도 청약 신청이 가능했고, 특히 인기 평형은 높은 경쟁률을 기록할 정도로 관심이 뜨거웠다.

 **부동산 용어 설명**

✓ **줍줍**

'줍고 또 줍는다'는 뜻의 줄임말. 청약 이후 미분양이 생기거나 당첨자가 계약을 포기해서 남은 집을 선착순 혹은 무작위 추첨으로 다시 분양하는 것을 의미한다.

당시 전세금이 꾸준히 오르고 있었고, 보유 주택에서 받은 전세

금 인상분이 쌓여 예금 통장에 현금이 조금 있었다. 마침 목동은 내가 살고 있던 당산동에서도 가까운 거리였기에 처음으로 '줍줍'을 하러 모델하우스에 방문했다. 그곳은 몰려든 인파로 발 디딜 틈 없이 북적거렸다.

2018년 1월 목동의 한 모델하우스에 몰려든 인파 (직접 촬영)

59㎡ ^{공급면적 25평}, 84㎡ ^{공급면적 34평} 같은 인기 평형은 2~3세대만 남아 있었지만, 비인기 평형인 32㎡ ^{공급면적 14평}는 대부분의 세대가 미계약 물량으로 남아 있었다. **초소형 아파트는 예나 지금이나 인기 없는 투자처였고, 이곳은 특히 복도식 구조라는 이유로 더 외면받았다.** "오피스텔보다 구조가 나쁘다", "이 아파트는 절대 안 오른다"는 평가가 대부분이었다.

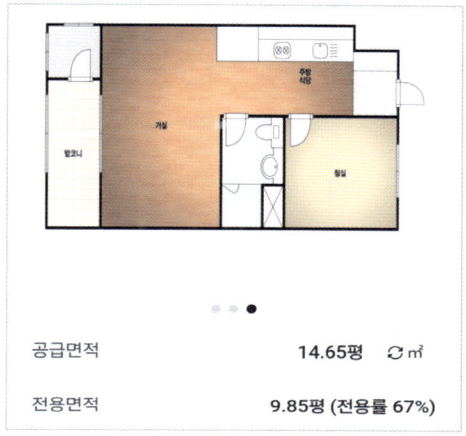

| 공급면적 | 14.65평 |
| 전용면적 | 9.85평 (전용률 67%) |

광명뉴타운 아파트 32㎡(공급면적 14평) 평면도 (출처: 네이버부동산)

경기도 광명시 미분양 아파트 투자 내역	
항목	내용
면적(공급면적)	32㎡(14평)
매수 가격	2억 4,000만 원 (2018년 매수)
시세 (KB부동산기준)	3억 7,500만 원
임대 내역	보증금 2억 8,000만 원
보유 기간	7년 (보유 중)
시세 차익	▲1억 3,500만 원

인기 평형 추첨이 끝나자, 모델하우스를 가득 채웠던 사람들은 썰물처럼 빠져나갔다. 하지만 나는 미분양 아파트를 샀다가 후회

한 사람을 본 적이 없었기 때문에 남아 있는 32㎡에 관심을 가졌다. 과거 경기 외곽 허허벌판의 미분양 아파트를 산 사람들도 시간이 지난 뒤에는 웃을 수 있었기 때문이었다.

태어나서 광명은 가본 적도 없고 심지어 광명이 어디에 있는지조차 제대로 본 적이 없었다. 아파트를 어디에 짓고 있는지도 모른 채 미계약분 '줍줍' 추첨에 참여를 했다.

미계약 물량이 많아서 계약을 하려고 남아 있던 사람들은 전부 계약을 할 수 있던 상황이니 추첨이라는 말도 무색할 정도였다. 심지어 인기가 있는 고층 매물로 골라서 계약을 할 수도 있었다.

줄을 서서 분양권 계약서를 작성할 차례를 기다리던 중, 한 아주머니가 손수 그린 지도를 보여주며 "여기가 광명뉴타운이고,

2024년 12월 철거가 진행 중인 광명뉴타운 11구역 전경 (직접 촬영)

앞으로 이 동네가 엄청 좋아질 거예요"라고 알려주셨다. 그때 나는 아주머니의 그 말씀이 무슨 뜻인지도 잘 이해하지 못했다.

줄을 서 있던 또 다른 사람도 기억에 남는다. 20대밖에 안 되어 보였던 젊은 청년이 그동안 아르바이트를 해서 모은 돈으로 분양권을 계약한다고 무척 뿌듯해했다. 이 아파트의 분양가는 2억

줍줍 광명뉴타운 아파트 모델하우스 모형

줍줍 광명뉴타운 아파트 내부1

줍줍 광명뉴타운 아파트 내부 2

줍줍 광명뉴타운 아파트 내부 3

4,000만 원, 계약금은 분양 가격의 10%인 2,400만 원이었다. 중도금은 대출을 받고 3년 뒤 입주할 때까지 열심히 저축해서 돈을 모으겠다는 다부진 포부를 말하던 그 청년은 참 야무져 보였다.

광명뉴타운의 아파트는 3년 뒤 완공이 되었고 첫 전세 임차인을 2억 8,000만 원에 맞췄다. 분양가보다 무려 4,000만 원 높은 가격이었다. **3년 뒤 분양 금액의 전액을 회수했을 뿐 아니라 추가로 4,000만 원의 현금이 남게 된 것이다.**

초소형 평수라 외면받던 미분양 아파트 투자를 통해 광명동의 낙후된 구도심이 2만 5,000세대의 신축 아파트 단지로 바뀌는 뉴타운 투자의 잠재력에 끌리게 되었다. **서울과 수도권의 교통이 좋은 지역의 신축 아파트는 입지에 대한 분석 없이 매수해도 수익을 안겨준다는 사실을 깨달았다.**

내 인생 최고의 투자는
즉흥으로 매수한 지방 신축 아파트

광명뉴타운의 아파트를 매수한 일은, 지금 돌이켜봐도 믿기 어려울 만큼 즉흥적인 결정으로 이루어진 일이었다.

부모님의 고향은 충청도이지만, 아버지께서 1976년 경상북도 구미시에 있는 회사에 취직을 하신 이후부터 구미에 정착해 쭉 살아오셨다. 부모님은 1988년 준공된 아파트에서 오랜 세월을 거주하셨는데, 어머니는 겨울이면 춥고 불편한 낡은 집 대신 신축 아파트로 이사를 가고 싶어 하셨다. 반면 아버지는 익숙한 집이 좋다며 이사를 완강히 반대하셨다.

심지어 새 아파트는 기존 집에서 도보로 이동이 가능할 만큼 가까운 거리였고, 지방은 구축 아파트와 신축 아파트 간 가격 차이도 크지 않았다. 그럼에도 아버지는 단호하셨다. **"부동산 투자는 남편 몰래 해야 성공한다"는 우스갯소리처럼, 우리 집도 항상 아버지의 고집이 가장 큰 장벽이었다.** 아버지의 반대로 결국 신축 아파트로의 이사 계획은 접어야만 했다.

그러던 중 2019년 12월 마지막 주, 나는 회사에 휴가를 내고 부모님과 부산으로 여행을 떠났다. 하지만 아버지는 심한 감기로 여행 내내 해운대 숙소에만 머무셨고, 어머니와 나는 동백섬 산책을 하며 시간을 보냈다.

그날 벤치에 앉아 쉬면서도 나는 평소처럼 네이버부동산의 매물 목록을 들여다봤다. 평소 시간이 날 때마다 집값을 검색하는 것이 습관이었고, 그날도 자연스럽게 부모님 댁 근처 신축 아파트 시세를 검색했다.

당시는 구미의 부동산 시장이 침체되어 있던 시기였고, 새 아파트임에도 프리미엄이 거의 붙지 않은 상태였다. 직감적으로 '지금이 매수 타이밍이다'라는 생각이 들었다. 79㎡$^{공급면적\ 29평}$ 타입이 3억도 안 되는 분양 가격에 나와 있었다. 문제는 아버지였다. 어머니 명의로 계약했다가는 아버지가 화를 내실 것이 분명했기에 나는 그냥 내 명의로 계약해버리기로 마음먹었다.

이 정도 금액이라면 내가 계약금 10%만 내고 일단 계약을 한 뒤, 입주 시점에 부모님께 전세금을 받아 중도금과 잔금을 충당하면 자금 계획이 딱 맞아 떨어졌다. 아버지도 입주할 때 새 아파트를 직접 보시면 분명 마음이 바뀌실 거라 생각했다.

해운대 동백섬 산책로에서 어머니께 내 계획을 말씀드리자, 오래전부터 새 집으로 이사를 원하셨던 어머니는 흔쾌히 동의해주셨다. 그래서 우리는 여행 마지막 날 기차 시간을 당겨 서둘러 구미로 돌아왔고, 아버지께는 마트에 다녀온다는 핑계를 대고 어머

경상북도 구미시 아파트 79㎡(공급면적 29평) 평면도 (출처: 네이버부동산)

니와 함께 부동산을 찾아가 아버지 모르게 계약까지 마무리했다.

그러고 몇 달 뒤 아버지께 내 명의로 신축 아파트를 계약한 사실을 말씀드렸다. 예상대로 아버지는 처음에는 시큰둥한 반응이었지만, 사전 점검을 하던 날 새 아파트 내부를 직접 보시고는 한눈에 반해버리셨다. 그리고 이듬해 봄, 부모님은 기분 좋게 새 아파트로 이사를 하셨다.

경상북도 구미시 아파트 투자 내역	
항목	내용
면적(공급면적)	79㎡(29평)
매수 가격	2억 8,560만 원 (2020년 매수)
시세 (KB부동산기준)	3억 2,000만 원
임대 내역	보증금 2억 원
보유 기간	5년 (보유 중)
시세 차익	▲3,440만 원

지금 생각해보면, **매일매일 부동산 매물을 들여다본 습관과 그동안의 투자 경험이 없었다면 이렇게 빠른 결정을 내리기는 어려웠을 것 같다.** 내가 해왔던 수많은 부동산 투자 중에서 가장 잘했다고 생각하는 것이 바로 부모님의 아파트를 계약한 일이었다.

부모님께 살기 좋은 신축 아파트를 선물했으니, 투자 수익보다 더 큰 가치를 얻은 셈이다.

부동산 투자를 시작한 덕분에, 매일 아침 출근길에 쫓기던 삶에서 벗어나 시간의 여유를 누리며 살 수 있게 되었다. 하지만 그보다 더 뿌듯한 건, 내가 쌓아온 투자 경험으로 부모님의 노후를 지켜드릴 수 있었다는 점이다.

경상북도 구미시에서 50여 년 가까이 살아오신 부모님은 대부분의 자산을 '토지'로 보유하고 계셨다. 시골 농부의 아들로 자라신 아버지께서는 '땅투자'를 유난히 좋아하셨고, 젊은 시절에는 꽤 큰 수익도 올리셨다.

하지만 나는 아버지와는 생각이 달랐다. 땅은 아무리 비싼 땅이라 해도 매달 임대 수익이 나오는 것도 아니고, 필요할 때 쉽게 팔 수 있는 자산도 아니다. **노후에는 땅을 손에 쥐고 있는 것보다, 매달 안정적으로 월세가 나오는 서울과 수도권의 아파트 한 채가 훨씬 더 좋은 투자처라고 생각했다.**

"땅은 나중에 자식들 좋은 일만 시키는 자산이에요. 상속세 내고 나면 남는 것도 없고, 아버지 노후에 도움이 안 돼요. 지금이라도 땅을 팔고 아파트를 사서 월세를 받아 편하게 사세요."

나는 여러 해에 걸쳐 아버지를 이렇게 설득했다. 부모님은 동생과 나의 학업을 뒷바라지하느라 정작 본인들의 노후 준비는 거의 하지 못하셨다. 전업주부였던 어머니는 국민연금조차 없었고, 아버지의 국민연금액수도 크지 않았다. 부모님은 개인연금도 없었기 때문에 국민연금만으로는 노후 생활비를 감당하기에 턱없이 부족한 상황이었다.

이런 상황에서 월세 한 푼 나오지 않는 땅은 노후 자산이라기보다는, 오히려 짐처럼 느껴지기까지 했다. 하지만 아버지 세대의 생각을 바꾸는 일은 쉽지 않았다.

부모님을 위해 매수한 지방 신축 아파트 내부

시간이 흐르며, 내가 서울과 수도권에 투자한 아파트들의 시세가 급등하는 상황을 지켜본 아버지의 생각에도 점차 변화가 생겼다. **결국, 아버지는 보유하고 계시던 토지를 전부 정리하셨고, 그 자금으로 서울의 아파트를 매수하셨다. 지금 부모님은 서울 아파트에서 나오는 월세 수익으로 부족함 없는 넉넉한 노후를 보내고 계신다.**

그리고 나는 이제, 부모님께 드릴 마지막 선물을 준비 중이다. 조만간 좋은 의료 시설이 몰려 있는 수도권의 쾌적한 실버타운에서 여생을 편히 보내실 수 있도록 도와드릴 계획이다.

4장

부동산 임대 소득으로 은퇴!
내 인생을 바꿔준 소형 부동산 투자

128만 원의 월급을 받던 직장인은 부동산 투자로 얼마를 벌었을까?

　직장을 다녔던 22년 중 실제 부동산을 사들인 기간은 단 12년에 불과했다. 2008년 첫 내 집 마련을 시작으로, 2020년 부모님의 보금자리인 지방의 신축 아파트를 마지막으로 매수한 뒤 추가 투자는 멈췄다. 12년 동안 총 10채의 주택을 매수했고, 이 중 3채를 매도해 현재는 7채를 보유하고 있다. 아파트를 거의 매년 1채씩 꾸준히 사서 모았던 셈이다.

　놀라운 점은, 내가 부동산 투자 공부를 한 번도 제대로 해본 적이 없었다는 사실이다. 오로지 나의 '감'과 '촉'으로 투자를 했다. 그동안 어떻게 이런 결단을 내릴 수 있었을까 생각해보면, 아마 젊었기에 가능했던 '용기'였던 것 같다.

지금 다시 과거에 했던 것처럼 부동산 투자를 시작할 수 있을까 생각해보면 자신이 없다. 그러니 어떤 투자든 가능한 빨리 하면 할수록 좋다는 이야기를 전하고 싶다. 젊을 때는 행여 실패하더라도 다시 일어설 수 있는 기회가 가능하지만, 나이가 들면 그 시간조차 여유롭지 않기 때문이다.

물론 다주택자라는 이유로 비난을 받기도 했다. 집값을 올려놓은 장본인이라며 손가락질하는 시선도 있었다. 하지만 나는 2002년 128만 원의 월급으로 사회생활을 시작해 2024년 퇴사 당시 월급이 318만 원에 불과했던 작은 출판사의 디자이너였다.

부동산 투자를 하지 않았다면 내 노후는 물론 부모님의 노후도 매우 불안했을 것이다. 이제는 다주택자를 부정적으로 바라보는 시선쯤에는 흔들리지 않을 정도로 마음의 여유가 생겼다.

다주택자는 세금을 많이 내야 해서 앞으로는 남는 것처럼 보이지만 뒤로는 남는 것이 전혀 없다며 시도조차 포기해버리는 사람들도 있다. 하지만 이 말은 사실과 다르다. 그것은 절세에 대한 전략 없이 투자했을 때 이야기다. 현재의 부동산 정책이 다주택자에게 불리한 것은 사실이다. 그렇기 때문에 더욱더 신중하게, 계획적으로 접근하는 자세가 필요하다.

부동산 투자는 돈이 많아야지 할 수 있다고 생각하는 독자들을 위해 그동안 내가 적은 월급을 받으며 모은 돈으로 부동산 투자를 해서 어느 정도 시세 차익을 만들었는지 표로 정리해봤다.

		현재 보유 중인 부동산 목록			
투자 연도	지역	면적 (공급 면적)	매수 금액	시세 (KB부동산기준)	시세 차익
2014	영등포구 당산동 도시형생활주택	16㎡(7평)	1억 6,040만 원	3억 2,500만 원	▲1억 6,460만 원
2017	송파구 가락동 아파트	39㎡(18평)	5억 2,091만 원	14억 1,667만 원	▲8억 9,576만 원
2017	영등포구 당산동 도시형생활주택	16㎡(7평)	2억 4,400만 원	3억 1,000만 원	▲6,600만 원
2017	영등포구 당산동 도시형생활주택	38㎡(17평)	3억 9,000만 원	6억 9,500만 원	▲3억 5,00만 원
2017	영등포구 당산동 도시형생활주택	49㎡(21평)	4억 9,000만 원	8억 7,50만 원	▲3억 1,750만 원
2018	경기도 광명시 아파트	32㎡(14평)	2억 4,000만 원	3억 7,500만 원	▲1억 3,500만 원
2020	경상북도 구미시 아파트	74㎡(29평)	2억 8,560만 원	3억 2,000만 원	▲3,440만 원
		합계			▲19억 1,826만 원

현재 보유하고 있는 7채의 부동산에서 발생한 시세 차익은 약 19억 1,800만 원, 매도한 3채에서 발생한 실현 수익은 약 2억 4,600만 원, 부동산 투자만으로 **약 21억 6,400만 원의 수익**을 거뒀다.

매도한 부동산 목록

투자 연도	목록	면적 (공급 면적)	매수 금액	매도 금액	실현 수익
2008	영등포구 당산동 아파트	32㎡(13평)	1억 2,800만 원	3억 5,000만 원	▲2억 1,200만 원
2015	영등포구 당산동 도시형생활주택	49㎡(21평)	3억 9,500만 원	4억 4,600만 원	▲3,500만 원
2016	송파구 잠실동 아파트	27㎡(12평)	5억 3,000만 원	5억 4,000만 원	▼100만 원
합계					▲2억 4,600만 원
총 투자 수익					▲21억 6,426만 원

 이 수치는 단순히 돈을 많이 벌었다는 의미라기보다, **아주 적은 월급을 받았던 직장인이 오랜 시간 꾸준히 스스로 공부하고 시도를 해보며 만든 결과다.** 그리고 그 시작은 아주 소박하고 평범했다. 월급 128만 원이 전부였던 사회 초년생이 '내 집 하나쯤은 있어야 하지 않을까' 하는 생각으로 시작했던 첫 집 마련이었다.

 그동안 10채의 주택을 매수하고 보유하면서 실제 들어간 비용도 계산해보았다. 취득세, 재산세, 중개수수료, 그리고 각종 수리비 등까지 **모두 포함하면 대략 9,000만 원 정도의 비용이 들었다.** 매수와 보유 과정에서 들어가는 비용도 무시할 수 없다.

 많은 사람이 다주택자는 양도세 폭탄을 맞을 거라고 걱정하는 데, 나는 **세금의 부담을 줄이기 위해 투자 초기부터 절세 전략을 함께 고민했다.** 그 결과, 지금 보유 중인 7채 중 6채는 장기임대 8년 주택임대사업자로 등록하여 각종 세금 감면 혜택을 받을 수 있도록 준비해두었다. 보수적으로 시뮬레이션을 해봐도 장기임대 8년 주택임대사업자의 세금 감면 혜택이면 7주택의 양도세는 3억 원 수준에 그칠 것으로 예상했다.

 부동산 용어 설명

> ✓ **장기임대 8년 주택임대사업자**
>
> 현재는 폐지된 제도로, 일정 조건을 갖춘 주택을 세무서와 지자체에 임대사업자로 등록하고 8년 동안 임대료 인상률 5%의 상한선을 지켜 임대를 하겠다고 약속한 사업자를 말한다. 2020년 문재인 정부의 7·10 대책 이후로 아파트 유형은 신규 등록이 제한되고 자동으로 말소되고 있다.

소소한 금액이라 해도 월세 수익은 결코 무시할 수 없다. 현재 보유 중인 주택에서 나오는 월세는 매달 111만 원, 연간으로 따지면 약 1,300만 원 수준의 현금 흐름이 생기고 있다. 숨만 쉬어도 따박따박 들어오는 월세는 퇴사 이후 안정적인 소득원이 되어주고 있고 임대료는 시간이 지날수록 조금씩 상승하고 있다.

이렇게 내 월급 내역부터 투자 수익, 세금, 비용까지 모두 상세하게 공개하는 이유는 많은 사람이 부동산 투자에 대해 막연한 공포와 오해를 가지고 있기 때문이다.

"집을 두 채만 갖고 있어도 세금이 어마어마할 것이다?"
"부동산 투자는 큰돈을 갖고 있어야지 할 수 있다?"
"아파트 잘못 샀다간 평생 빚만 갚는 인생이 된다?"

이런 오해들이 넘쳐나지만, 실제로 그렇게 두려워할 일만은 아니다. 소득이 적은 평범한 사람도 얼마든지 가능하다는 것을 보여주기 위해 이 책에서 내 월급, 투자금액, 보유세와 양도세, 그리고 월세 수익까지 모두 솔직하게 보여주는 것이다. **이 숫자들이 누군가에겐 '나도 시작해볼 수 있겠다'는 용기가 되길 바란다.**

하지만 여기서 꼭 짚고 넘어가야 할 부분이 있다. 부동산 투자와 관련된 법과 제도는 굉장히 자주 바뀌기 때문에 내가 해왔던 방식을 그대로 따라 하면 안 된다. 지금은 과거 내가 투자하던 시기와는 전혀 다른 환경이다. 부동산 정책이 자주 바뀌었고, 세법도 다주택자에게는 훨씬 불리해졌다. 주택임대사업자 제도 역시 과거와는 다른 조건과 규제가 적용되고 있기 때문에 지금 같은 시장에서는 내가 했던 방식이 오히려 위험한 선택이 될 수 있다.

무작정 다주택 매수나 사업자 등록을 따라 하는 것은 절대 금물이다. 지금은 더 신중하고 전략적으로 접근해야 하는 시기다.

부동산 투자의 핵심은 세금, 7주택자가 내는 세금 공개

사람들이 내게 가장 많이 묻는 질문 중 하나는 다주택자는 과연 세금을 얼마나 많이 내는가이다. 많은 사람이 "다주택자가 되면 세금이 너무 많아서 남는 게 없다"고 말하곤 한다. 이 말은 절반은 맞고 절반은 틀리다.

세금에 대한 공부 없이 무작정 주택 수만 늘리다 보면, 양도세와 보유세에 짓눌려 수익은커녕 손해를 볼 수도 있다. 하지만 반대로 세금 구조를 잘 이해하고 절세 전략을 미리 준비해 투자한다면 합리적인 절세를 통해 충분한 수익을 남길 수도 있다.

"부동산 투자의 핵심은 세금이다."

좋은 입지의 부동산에 투자를 해서 큰 수익을 거뒀어도 집을 팔 때 양도세 부담이 너무 크면 실제 손에 쥐는 돈은 줄어들 수밖에 없다. 특히 다주택자가 되고 싶은 사람이라면 반드시 재산세, 종부세, 양도세 등 **세금에 대한 기본 개념을 알고 있어야 하고, 자주 변화하는 세법에 대해 꾸준히 공부를 해야 한다.**

 부동산 용어 설명

> ✓ **부동산 양도세와 보유세**
> - 양도세: 부동산을 팔 때(양도) 생긴 차익(이익)에 부과되는 세금. (1주택자는 조건이 맞으면 비과세 가능)
> - 보유세: 부동산을 가지고만 있어도(보유) 매년 내야 하는 세금.
> - 재산세: 주택과 토지를 소유하고 있으면 무조건 내야 하는 세금으로, 매년 7월과 9월에 납부한다.
> - 종합부동산세(종부세): 공시 가격이 일정 금액을 넘는 주택이나 토지를 보유한 사람만 내는 세금으로, 매년 12월에 납부한다.

나 역시 2017년부터 본격적으로 여러 채의 주택에 투자를 해서 다주택자가 되면서 종부세와 양도세의 벽을 실감하게 되었다. 처음에는 짧은 기간 부동산을 사고파는 방식으로 돈을 벌고 싶었지만, 곧 단기 투자는 세금에 취약하다는 사실을 알게 되었다.

그래서 방향을 바꿔 장기 보유 전략으로 투자 계획을 수정했다. 장기 보유를 하며 조금씩 월세 수익을 만들고, 세제 혜택도 함께 누리는 방법을 고민한 것이었다.

그 즈음, 정부는 다주택자들의 주택임대사업자 등록을 유도하면서 세제 및 금융 혜택을 준다고 대대적으로 홍보했다. 당시 김현미 국토교통부 장관은 언론 인터뷰를 통해 "주택임대사업자로 등록하면 종합부동산세와 양도세를 감면해주는 혜택을 주겠다"고 강조했다.

당시 이 제도를 활용해 총 6채의 주택을 장기임대 8년 주택사업자로 등록을 했고, 보유세와 양도세 부담을 크게 줄이는 데 결정적인 역할을 했다. 하지만 집값이 계속 오르자 정부는 불과 몇 년 만에 입장을 바꿔 아파트는 장기임대 8년 주택임대사업에 등록을 하지 못하도록 했다.

이때의 경험으로 "정부의 부동산 정책은 언제든 손바닥 뒤집듯 달라질 수 있다"는 것을 알게 되었다. 따라서 정부의 부동산 정책을 맹신하거나 하나의 제도에 기대어 투자해서는 안 되며, 언제든 상황이 바뀔 수 있다는 리스크 관리 능력이 필요하다.

부동산 투자에서 세금 공부는 정말 중요하다. 초보 투자자라면 기본적인 세금 구조부터 차근차근 공부해보기를 바란다. 보유세와 양도세는 어떻게 부과되고 어떤 경우에 감면되는지, 주택 수에 따라 어떤 제약이 생기는지 이해하는 것만으로도 훨씬 더 안정적인 투자를 할 수 있다.

장기임대 8년 주택임대사업자로 등록한 덕분에 보유세^{재산세와 종부세}에 대한 절세 효과는 무시할 수 없을 만큼 컸다. 2025년 기준, 내가 보유한 7채의 주택 공시 가격 합계는 약 25억 원이다.

 부동산 용어 설명

> ✓ **공시 가격**
> 정부가 정한 집값의 기준 금액으로, 실제 시장에서 거래되는 시세와는 다르다. 시장 시세보다 낮지만 세금과 각종 혜택의 기준이 되는 중요한 수치다.
> - 재산세, 종합부동산세(종부세) 계산 기준
> - 건강보험료, 기초연금 수급 자격, 주거복지 지원 기준 등에도 활용됨

일반적인 다주택자였다면 25억 정도의 자산에 대해 꽤 큰 금액의 종부세를 납부했어야 하지만, 장기임대 8년 주택임대사업자

로 등록한 덕분에 종부세는 0원, 재산세는 113만 원을 납부했다. 아래 표는 내가 실제 매년 납부했던 재산세 금액이다.

재산세 납부 금액	
2017년	179,300원
2018년	708,760원
2019년	405,620원
2020년	895,940원
2021년	1,271,700원
2022년	1,460,440원
2023년	1,337,670원
2024년	1,132,600원

2024년 재산세 납부 내역				
지역	면적	2024년 공시 가격	주택임대사업자 등록 유무	재산세 납부 금액
송파구	39㎡	7억 1,700만 원	8년 장기임대 등록	89,710원
영등포구	49㎡	4억 3,600만 원	8년 장기임대 등록	120,930원
영등포구	38㎡	3억 7,200만 원	8년 장기임대 등록	7,310원
영등포구	16㎡	2억 원	8년 장기임대 등록	2,000원

영등포구	16㎡	1억 8,600만 원	8년 장기임대 등록	2,000원
구미시	74㎡	1억 8,800만 원	8년 장기임대 등록	136,970원
광명시	32㎡	2억 2,600만 원	미등록	207,380원
2024년 7월 1기분 재산세 합계				566,300원
2024년 9월 2기분 재산세 합계				566,300원
2024년 재산세 합계				1,132,600원

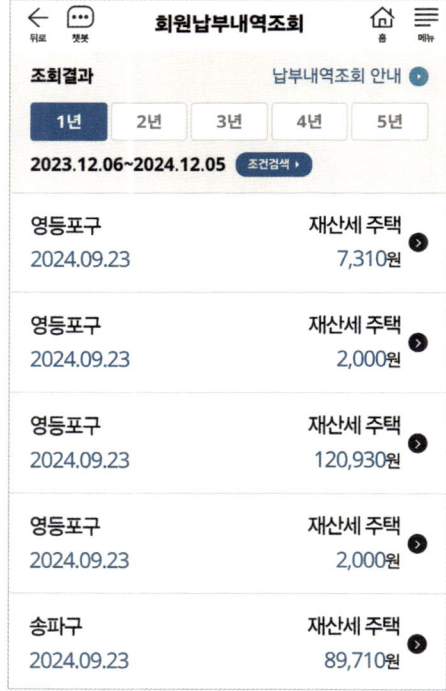

2024년 1분기 재산세 내역 (출처: STAX 앱 캡처)

초소형 평수 위주로 주택을 매수한 이유 중 하나도 재산세 감면을 극대화하기 위한 선택이었다. 주택임대사업자의 경우 주택의 면적에 따라 재산세 감면율이 달라졌기 때문이다.

주택임대사업자 세제 혜택 재산세 감면

- 전용 면적 40㎡ 이하: 재산세 전액 면제
- 전용 면적 40㎡ 초과 60㎡ 이하: 재산세 75% 감면
- 전용 면적 60㎡ 초과 85㎡ 이하: 재산세 50% 감면

예를 들어, 송파구에 위치한 39㎡ 아파트는 공시 가격이 7억 1,700만 원임에도 불구하고, 재산세는 89,710원을 납부했다. 반면 구미시에 위치한 74㎡ 아파트는 공시 가격이 송파구보다 훨씬 낮은 1억 8,800만 원이지만 재산세는 137,970원이 나왔다. 또한 전용 면적이 16㎡인 영등포구의 주택은 2,000원의 재산세가 부과되었다.

이처럼 세금 공부를 통해 면적이 작을수록 재산세 감면의 혜택이 커지는 주택임대사업자 제도를 활용한 것이 나만의 투자 전략이었다. 하지만 여기서 중요한 점은, 이 투자 전략은 현재의 시점에서는 유효하지 않다는 것이다.

나는 굉장히 오랜 시간 이 제도의 장점과 단점에 대해 충분히 분석하고 고민한 끝에 등록을 결정했기 때문에 **결과적으로 후회는 안 하지만, 단점에 대한 부분을 생각하지 않고 장점만 보고 등록한 사람 중에는 주택임대사업자 등록을 후회하는 사람들도 많다.**

절세 효과만 보고 무작정 주택임대사업자 등록을 하는 것은 매우 위험한 판단이다. 주택임대사업자는 세금 혜택을 받는 대신 임대료 인상에 제한을 받고, 임대료를 갱신할 때마다 인상률 5%를 준수해야 하기 때문이다. **즉, 장기적인 임대 수익에 제약을 받는다. 혜택을 받기 위한 제도 그 이면에 숨겨진 책임과 제약 또한 반드시 따져봐야 한다.**

초보자에게 권하는 안전한 절세 접근법

1. 장기 보유를 기본 전략으로 삼기
단기 차익보다는 장기 보유를 통해 세금 부담을 줄이는 것이 유리하다. 특히 1주택자는 2년 이상 보유하거나 실거주 요건을 충족한다면 양도세 기본 비과세 요건을 충족할 수 있다. (1가구 1주택 비과세 요건 숙지)

2. 매수 시점부터 세금 전략 수립하기
특히 2주택 이상 보유가 예상된다면 양도세에 대한 공부를 사전에 해두는 것이 좋다.

임대 소득은 불로소득이라는 착각, 임대사업을 하는 마음가짐

많은 사람이 '월세를 받는 임대사업자=편하게 돈 버는 사람'이라 생각한다. '조물주 위에 건물주'라는 말도 이런 인식을 부추긴다. 하지만 내가 경험했던 현실은 전혀 달랐다. **임대 소득은 절대 불로소득이 아니었다.**

집 한 채를 임대하더라도 세입자와의 갈등, 월세 입금 지연, 명도소송, 집수리에 대한 대응 같은 문제로 마음을 졸이는 일도 있었다. **임대사업도 사람을 상대하는 일이었고, 스트레스가 아예 없을 수는 없다.**

2021년, 보증금을 줄이고 월세를 높여 임대 수익을 극대화하려다 큰 낭패를 봤던 일이 있다. 보증금 1,000만 원에 월세 90만 원으로 계약을 했던 임차인은 이사를 오자마자 월세를 밀리기 시작했고, 미루고 미루다가 결국 4개월치 월세를 체납했다.

월세 입금을 독촉하는 문자에 "법대로 하라"고 답장을 보낸 임차인은 외제차를 몰고 골프를 즐기던 사람이었다.

이때의 일은 내게 정신적으로 큰 스트레스를 주었다. 결국 법무사를 통해 명도소송을 진행하게 되었고, 소송을 진행하는 과정만 6개월이 걸리고 231만 원의 소송 비용을 썼다. 법원의 집행 비용을 은행에 납부하기 위해 회사 점심 시간에 은행으로 달려간 적도 있었다.

2021년 7월 3일 토요일

오후 3:41
월세 90만원 넣으셨던데 지금까지 3번 입금해주셨고 6월기준 4달 밀리셨어요 계속 완납 못해주실거면 이달안으로 다른곳 구해서 나가주세요

임 당신은 나가라는 소리만 할줄 아는분인가요 법으로해서 내보내도록하시오
오후 4:54

월세를 계속 밀린 한 임차인과 나눈 문자 내용

 **부동산 용어 설명**

✓ 명도소송

내 집이나 건물에 다른 사람이 무단으로 점유하고 있거나, 임대료를 연체했을 때 법적으로 내보내기 위해 제기하는 소송.

- 명도소송 절차
    1. 내용증명 보내기
    2. 명도소송 제기
    3. 법원 판결
    4. 강제 집행 (법원 집행관이 이삿짐 센터와 강제로 짐을 꺼냄)

소송을 진행했던 6개월 동안 임차인은 월세를 전혀 내지 않았고, 보증금 1,000만 원으로는 밀린 월세와 소송 비용을 차감하기에는 턱없이 부족했다.

2021년에 진행한 명도소송 비용	
명도소송 법무사 선임비, 인지세와 송달료	968,100원
점유이전금지가처분	605,850원
강제개문 비용	130,000원
강제집행 신청 비용	483,000원
집행비용 예납	127,750원
합계	2,314,700원

다행히 임차인은 강제집행 직전 본인 스스로 이사를 나갔다. 이 때의 경험으로 보증금이 적은 고월세 계약은 리스크가 크다는 교훈을 얻었다.

임차인과 계약을 할 때는 월세를 밀릴 사람인지 아닌지 판별할 방법이 없다. 이 일 이후에 나는 무조건 보증금을 충분히 확보할 수 있는 임대료 비중이 높은 반전세로 계약을 하고 있다.

이처럼 월세를 받는다는 것은 누군가에겐 불로소득처럼 보일지 몰라도, 실상은 크고 작은 사건들의 연속이다. 그렇기 때문에 나는 **임대사업을 불로소득이 아닌 진짜 '사업'으로 인식하는 마음가짐이 필요하다고 생각한다.**

주택임대사업을 하다 보면 상상도 못한 상황들을 마주하게 될 수도 있다. 한번씩 주변에서 임차인의 자살이나 고독사 사건이 전해지곤 한다. 고령자의 고독사보다 젊은 사람들의 극단적 선택이 더 많다는 사실은 더욱 안타깝고 무겁게 다가왔다. 임대업은 단순히 집을 빌려주는 쉬운 일이 아니었다.

그런가 하면 집을 너무 더럽게 쓰고 이사를 나가거나 원상복구 요청을 무시하는 임차인들로 인해 이제는 내성까지 생겼을 정도다. 임대사업 초기에는 경험이 부족했던 탓에 청소와 원상복구를 내가 직접 돈을 들여 해결하기도 했다.

 사진으로 남겨둔 당시의 집 상태는 말 그대로 충격 그 자체이다. 하지만 시간이 지나고, 이런 상황들이 계속해서 반복되자 감정적으로도 많이 무뎌졌다. 이제는 웬만한 문제에는 동요하지 않고, 필요한 조치만 빠르게 취한다.

 임차인과의 관계에서 가장 어려운 점은 호의를 보였을 때 그

실제 임대했던 임차인의 퇴거 후 사진 (직접 촬영)

걸 '권리'라고 착각하는 태도였다. 월세를 한 차례 동결한 뒤 2년이 지나 시세가 많이 오른 상황에서 단 5만 원의 월세 인상을 제안했을 때, 임차인은 되려 "한꺼번에 너무 많이 올린다"고 불만을 제기했다.

나는 임차인에게 시세보다 훨씬 낮은 월세로 계속 살고 있는 상황을 설명했고, 나중에 더 저렴한 월세를 찾는다면 계약 만기가 되기 이전이라도 아무 조건 없이 이사를 나갈 수 있도록 특약까지 넣어주었다. **임대업도 비즈니스다. 내 마음과 다르다고 해서 감정적으로 대응하지 말자.** 그것이 서로에게 좋다.

물론 주택임대사업이 항상 스트레스만 주는 일은 아니었다. 임대사업에도 사람 냄새 나는 순간들과 따뜻했던 임차인과의 인연도 있었다. 한번은 임대 중인 집의 전세가 만기된 이후 집을 팔아야 하는 상황이 생겼다. 하지만 당시 임대차2법의 계약갱신청구권으로 임차인이 재계약을 요구할 있어서 마음이 무거웠다.

나는 임차인에게 어쩔 수 없이 집을 꼭 팔아야 하는 상황을 얘기했고, 다행히 임차인은 다른 집을 구해 이사를 가겠다고 했다. 나는 고마운 마음을 거듭 감사 인사로나마 전했는데 다행히 이후에 우리의 인연은 계속되었다.

✓ 계약갱신청구권

2020년 7월 31일부터 시행된 '주택임대차보호법 개정안(일명 임대차2법)' 중 하나로, 세입자(임차인)가 한 번 더 계약을 연장할 수 있는 권리를 의미한다.

그 임차인이 이사를 간 날, 빈집을 정리하러 찾아간 나는 눈에 안 보이는 배수구 안쪽까지 반짝거릴 정도로 깔끔하게 청소가 된 집을 보고 또 한 번 놀라고 말았다. 그야말로 머문 자리가 아름다운 사람이었다.

임차인이 새집처럼 깨끗하게 사용하고 청소해준 집 (직접 촬영)

그리고 이 집을 판 지 1년쯤 지났을 때 그 임차인으로부터 전화가 왔다. 얘긴즉슨 "집을 사고 싶은데 조언을 좀 구하고 싶다"는 부탁이었다. 임차인은 30대 싱글 여성으로, 전세 대출도 받지 않았을 만큼 꽤 많은 현금을 모아둔 성실한 사람이었다. 그러나 직장이 불안정하고 당시 집값이 내리던 시기였기에 집을 사도 괜찮을지 고민이라고 했다. **나는 무주택자 시절 나와 똑같은 고민을 하고 있는 임차인의 내 집 마련을 도와주고 싶었다.**

나는 예전 임차인에게 내가 살고 있는 광명뉴타운을 함께 임장해보자고 제안했다. 그리고 다음과 같은 현실적인 조언을 해주었다.

1. 지금 집을 사지 않고 집값이 올랐을 때의 리스크
2. 지금 집을 사고 집값이 떨어졌을 때의 리스크

둘 중 어떤 리스크를 더 감내할 수 있는가? 감당 가능한 가격선에서 집을 산다면, 장기적으로 집값은 우상향한다는 것을 실제 내가 경험했던 과거의 일을 예로 들어 설명해주었다. **나와 함께 부동산 사무실에 방문해 상담도 하고 매물도 둘러보면서 임차인의 불안은 자신감으로 바뀌었다.**

며칠 뒤, 임차인은 강서구 구축 아파트에 갭투자를 했다. 30대에 첫 집을 마련하여 어엿한 '집주인'이 된 것이다.

부동산으로 얼마를 벌어야 할까?
내가 원하는 자산의 크기를 정하자

자산이 늘어나면 기쁨과 함께 안정감도 커지지만 한번씩 불안한 마음이 들 때도 있다.

"집값이 떨어지면 어떻게 할까?"
"지금 집을 팔아야 하나?"
"더 비싼 집을 살 수 있을까?"

돈이 많아졌는데, 이상하게도 마음의 여유는 줄어드는 것 같았다. 이때부터 진지하게 내가 돈을 버는 이유에 대해 고민하게 되었다. 나는 자산을 늘리는 것이 내 인생의 전부인 것처럼 살고 있었는데 그것이 나를 불안하게 만든다면, 나는 무엇을 위해 이토록 달려온 것일까?

나는 내가 가진 돈에 대해 진지하게 생각하게 되었다. 내가 감당할 수 있는 돈과 내가 쉽게 관리할 수 있는 부동산의 규모는 어디까지일지 고민했다. 집이 많다고 무조건 좋은 것은 아니었다. 불어난 자산이 부담으로 다가오는 순간들이 있었기 때문이다.

그래서 나는 이때부터 내 돈 그릇에 맞는 '머니 파이프라인'을 만들기로 했다. 내 시간과 에너지를 많이 소모하지 않고도 쉽게 유지 할 수 있는 '자동화된 수익 시스템'을 갖추는 것이다.

더 많이 벌기 위한 투자가 아니라, 내가 원하는 삶을 지켜주는 투자. 그 기준은 바로 내 '돈 그릇'의 크기였다.

지금은 깨끗한 신축 아파트에 살고 있지만, 내가 이곳에 처음 이사 왔을 때의 기쁨보다 2008년 처음 장만했던 아파트에 이사 갔을 때의 설렘이 더 컸다.

(왼쪽) 내가 처음 장만 했던 아파트 (오른쪽) 현재 거주 중인 아파트

투자를 시작했을 당시에는 안락한 내 집 한 채와 월세 나오는 집 한 채가 있다는 사실만으로도 충분히 감사했다. 하지만 시간이 흐르며 자산이 제법 눈덩이처럼 불어나는 것을 지켜보며 점점 더 커지는 돈 욕심에 스스로 제동을 걸기 어려워졌다.

부동산 투자를 계속하며 3억 5,000만 원이었던 순자산은 7년 만에 23억 5,000만 원이 되었다. **20억이라는 엄청난 자산이 증가한 셈이었지만, 나는 욕심을 조금 더 보태어 내 목표를 '순자산 30억 달성'으로 수정했다.**

골드곰의 순자산 증감

연도	나이	순자산	증감 액수
2014	37세	3억 5,000만 원	-
2015	38세	3억 6,000만 원	▲1,000만 원
2016	39세	4억 7,000만 원	▲1억 1,000만 원
2017	40세	7억 1,000만 원	▲2억 4,000만 원
2018	41세	12억 원	▲4억 9,000만 원
2019	42세	14억 5,000만 원	▲2억 5,000만 원
2020	43세	19억 원	▲4억 5,000만 원
2021	44세	23억 5,000만 원	▲4억 5,000만 원
2022	45세	18억 원	▼5억 5,000만 원

2023	46세	15억 6,000만 원	▼2억 4,000만 원
2024	47세	17억 5,000만 원	▲1억 9,000만 원
2025	48세	21억 5,000만 원	▲4억 원

그러던 중, **마치 끝없이 오를 것만 같던 집값이 2021년 9월부터 급락하기 시작했다. 집값 하락보다 더 큰 충격은 전세값의 하락이었다.**

투자 기간 내내 전셋값이 급격히 떨어지는 경험을 한 적이 없었기 때문에 하락이 시작되서 두려움은 더욱 커졌다. 다행히 나는 **주택임대사업자로 등록을 했기 때문에 임대료 인상률에 제한을 받고 있어서 시세보다 낮은 보증금을 받고 있었다. 그 덕분에 아슬아슬하게 역전세 위기를 피할 수 있었다.**

그런데 만약 주택임대사업자 등록을 하지 않아서 전셋값을 시세대로 인상했다면 어땠을지 상상하니 생각만으로도 아찔했다. 인상한 전세금^{임차인의 돈}을 재투자를 하는 데에 계속 썼을 테고, 결국 떨어진 전셋값만큼 임차인에게 돌려줄 돈이 없었을 것이다.

나는 이때 깨달았다. 역전세 위기를 넘긴 것은 내 투자 실력이 아닌 '운'이었다는 사실을. '선량한 임대인'과 '전세 사기꾼' 사이의 경계는 어쩌면 종이 한 장 차이일 수도 있다는 사실을 느꼈다.

2024년에는 집값 하락으로 인해 2021년 대비 약 6억 원의 순자산이 증발하며 순자산은 17억 5,000만 원으로 줄었다. 하지만 내가 보유하고 있던 실물 부동산 자체는 변한 것이 없었다. 오히려 아파트 한 채를 매도한 덕분에 현금 자산이 4억 가까이 늘었고, 매달 받는 월세와 은행 이자로 150만 원의 안정적인 수입도 생기기 시작했다.

2025년 현재는 월세와 주식 배당금의 현금 흐름이 2024년보다 100만 원이나 늘어나 250만 원이 되었다. 집값이 최고 많이 올랐던 4년 전에 비해 보유한 부동산의 총자산은 훨씬 줄어들었지만 51억→42억으로 감소 **매월 숨만 쉬어도 들어오는 돈이 0원에서 250만 원이 된 것이다.**

순자산은 훨씬 많이 줄었지만 현금 흐름은 더 좋아졌다. 이 경험을 통해 중요한 깨달음을 얻었다. **투자에서 중요한 것은 '자산의 크기'가 아닌 '보유한 자산의 질'과 '현금 흐름'이라는 것이다.** 나는 그동안 투자를 하면서 자산의 숫자에만 집착해왔다는 사실을 비로소 깨달았다.

골드곰의 자산 파이프라인			
구분	2021년	2024년	2025년 현재
보유 부동산 총자산	51억 2,000만 원	38억 8,500만 원	42억 5,000만 원
임차인 보증금(부채)	26억 2,000만 원	23억 7,500만 원	22억 4,700만 원
현금 자산	0원	3억 7,800만 원	1억 원
주식 자산	0원	800만 원	1억 6,000만 원
대출(부채)	1억 5,000만 원	1억 4,600만 원	1억 1,100만 원
월세+이자소득+주식배당소득	0원	150만 원	250만 원
순자산 총합	23억 5,000만 원	17억 5,000만 원	21억 5,200만 원

　많은 사람이 '파이어족'이 되려면 대체 얼마가 있어야 하나고 묻는다. 기준은 다르다. 어떤 사람은 5억만으로 충분하다고 하고, 어떤 사람은 50억은 있어야 한다고 말한다. 심지어 '보유 자산의 4%가 연간 생활비를 초과해야 한다'는 계산 방식도 있다.

　나 역시 투자 초기에는 돈을 많이 벌어서 빨리 은퇴를 하고, 아무 일도 하지 않으면서 돈을 펑펑 쓰는 삶을 꿈꿨다. 그러던 어느 날, 나보다 먼저 조기 은퇴에 성공한 50대 싱글 파이어족의 이야기를 보고 내가 너무 돈에 집착하고 있었던 것은 아닌지 다시 생각하게 되었다.

그는 생각보다 작은 자산과 적은 현금 흐름으로 은퇴했지만, 보유한 자산의 가치가 꾸준히 우상향을 하고 있었고, 무엇보다 자신이 원하는 일만 하며 '시간의 자유'를 누리는 삶을 살고 있었다.

나는 그의 이야기를 듣고 조기은퇴를 하는 진짜 중요한 목적이 '돈'이 아닌 '시간'이라는 사실을 깨달았다. '하고 싶은 일만 하며 살 수 있는 자유'야말로 조기은퇴의 본질이라는 것을 말이다.

그는 30대부터 노후를 준비하며 부동산 공부를 시작하여 40대에 다주택자 포트폴리오를 완성한 후, 고정적인 수입을 위한 일을 모두 중단했다고 한다. 다만 들어오는 소득이 많지 않다 보니 스스로를 '월 백[100] 생활자'라 부르며, 매월 100만 원 정도의 소박한 생활비로 살아가고 있었다.

40대 은퇴 당시 그의 순자산은 3억 원대였지만, 10년이 지난 지금은 10억으로 불어났다고 한다. 돈을 버는 일을 멈췄어도 '시간'이라는 레버리지를 통해 자산이 크게 불어난 것이다.

그는 매달 100만 원이라는 적은 돈으로 생활하면서도 해외와 국내를 자유롭게 여행하고, 시간을 온전히 자신의 삶을 위해 쓰며 살아갔다. 그런 그의 모습은 나에게 무척 깊은 인상을 남겼다.

돈이 많지 않아도 '살고 싶은 삶'을 충분히 살아낼 수 있다는 사실이 나에게 용기와 자신감을 주었다.

"나도 저렇게 살 수 있겠구나."

내가 정말 원했던 인생은, 돈을 펑펑 쓰는 삶이 아니었다. 나는 처음부터 물질의 소유로 행복을 느끼는 사람이 아니었고, 돈이 있든 없든 내 삶의 방식이 크게 달라지지 않는 사람이었다.

하지만 부동산 투자에 몰입하면서 어느새 '돈의 숫자'에만 매달리는 사람이 되어 있었고, 돈보다 더 소중한 '시간의 자유'를 놓치며 살아왔다는 사실을 뒤늦게 깨달았다.

이를 계기로 나는 **앞으로 '덜 쓰고, 더 단순하게 살기'**로 마음먹었다. 그리고 이 결심은 나에게 **퇴사할 용기를 안겨주었다.**

나는 이제 자산 숫자의 등락에 일희일비하지 않으려고 한다. 그 대신 나에게 주어진 하루라는 시간 동안 더욱 자유로운 삶을 살 수 있다는 것에 감사하며 지내고 있다. **'시간의 자유'야 말로 '진짜 파이어족'의 삶이었다.**

22년간 달려온 직장 생활의 마침표, 만일 내가 부동산 투자를 안 했다면

'천석꾼은 천 가지 걱정, 만석꾼은 만 가지 걱정이 있다'는 말처럼, 자산이 늘어날수록 걱정거리도 함께 늘어났다. 주택이 한 채에서 두 채, 세 채로 계속해서 늘어날 때마다 그만큼 마음에 무게가 더해졌다.

돈만 보고 달려왔던 시간들을 돌아보니, 20억을 벌면 30억이 갖고 싶고, 30억이 생기면 또 100억을 꿈꾸는 내 모습이 그려졌다. 사람의 욕심은 끝이 없다는 것을 느꼈다.

나는 대학에 진학하자마자 부모님과 떨어져 지냈다. 학업과 직장 때문에 독립해서 살다 보니 부모님과 함께하는 시간이 늘 부족하게 느껴졌다. 부모님께서 더 연로해지시기 전에 여행을 함께 다니자고 큰마음을 먹고 동남아 크루즈 여행을 예약했지만, 어머니께서 "요즘 컨디션이 해외여행 일정을 감당하기에 자신이 없다"며 조심스레 말씀하셨다. 아쉬운 마음으로 여행 예약을 취소했지만, 그 말씀이 내 마음에 깊이 남았다.

앞으로 10년을 더 일하면 돈을 더 벌 수 있을지도 모른다. 하지만 부모님과의 시간은 그 어떤 돈으로도 살 수 없다. 지금 내 자산에서 몇 억의 돈이 더 있든 없든, 내 인생에 큰 차이는 없을 것이다.

부모님과 함께 보내는 소소한 일상이 나에겐 돈보다도 더 큰 의미로 다가왔다. **나중에 후회하지 않기 위해 더 늦기 전에, 지금부터라도 부모님과 함께 많은 시간을 갖자는 생각에 2024년 3월,**

퇴사 후, 부모님과 함께한 첫 여행 (2024년 10월)

22년간의 직장 생활에 마침표를 찍었다.

그때 내가 받을 수 있었던 현금 흐름은 은행 이자와 월세를 합쳐 고작 월 150만 원 남짓이었다. 엄밀히 말하면 파이어족이 되기에는 다소 부족한 금액이었다. 하지만 '내 돈 그릇에는 이 정도의 돈만 있어도 충분하다'고 생각했다. 돈보다 더 중요한 것은 시간의 자유였다. **그리고 나의 선택이 옳았다는 것을, 퇴사 후 가을 부모님과 함께한 제주도 여행에서 확신했다.**

현재는 월세 수익과 주식 배당주 비중이 조금씩 늘어나 매달 250만 원 정도의 현금 흐름이 발생하고 있다. 250만 원의 수입도 40대에 은퇴한 사람의 생활비로 아주 넉넉하다고는 할 수 없다. 보유하고 있는 주택 중 일부를 매각해 그 자금으로 고배당주에 투자하면 매월 들어오는 현금 흐름을 더 늘릴 수도 있지만, 그렇게 하지 않기로 했다. 당장 들어오는 현금 흐름보다 '시간'이라는 레버리지를 활용해 부동산 자산의 장기적인 수익률을 더 극대화하고 싶기 때문이다. 그래서 보유 중인 부동산을 바로 매도하지 않고 계속 유지할 계획이다.

주택임대사업을 계속 유지하면서 2년마다 5%씩 임대료를 꾸준히 인상하고 지금처럼 검소한 생활 방식을 이어가는 것이다. 이렇게 내 자산을 운용한다면 장기적으로 인플레이션을 방어하고, 화폐 가치 하락에 대한 대비도 충분히 가능하다고 생각한다.

 퇴사하기 전에는 직장에 다니지 않는 삶이 걱정이 가득할 것이라고 생각했다. 매달 들어오던 월급이 끊기고, 갑자기 늘어난 시간을 어떻게 보내야 할지 몰라서 무기력한 생활을 하게 될까봐 두려웠다.

 하지만 지금 생각해보면, 그 두려움은 직접 겪어보지 않아서 생긴 막연한 불안감이었다. 주택임대사업자로서 세금 신고, 계약 관련 신고 등의 해야 할 일도 있고, 다양한 방면의 투자 공부와 블로그 글쓰기라는 취미 생활도 계속하고 있다.

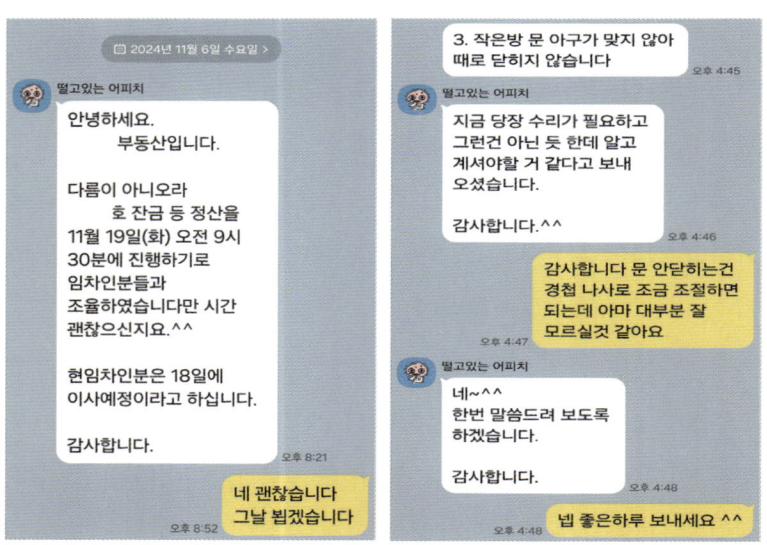

부동산 관련해 공인중개사님과 나누는 소통

매일 운동하며 활기찬 하루를 보내고 있고, 무엇보다 직장 스트레스에서 해방되니 몸도 마음도 더 건강해졌다. 월급은 끊겼지만 내 자산이 나를 위해 계속해서 일하고 있고, 회사에 다닐 때보다 더 건강하고 만족스럽게 하루하루를 살아가고 있다.

물론 아쉬운 점도 있다. 납부해야 할 건강보험료 부담이 증가했고, 월급날의 기쁨과 주말을 앞둔 즐거움도 사라졌다. 하지만 이런 단점들을 감안하더라도 나는 지금의 삶을 선택하길 잘했다고 생각한다.

이제 나는 '돈의 숫자'를 좇는 삶이 아니라, '어떻게 내 시간을 즐겁게 보낼 것인가'를 고민하며 '여백이 있는 삶'이 주는 잔잔한 만족을 느끼며 살고 있다.

삶에 휴식이 필요한 것처럼 투자에도 잠시 멈추고 에너지를 재충전하는 시간이 필요하다. 나는 이제 부동산 투자에도 '쉼표'를 찍기로 결심했다.

22년간 직장 생활과 투자를 병행하며 쉼 없이 달려왔다. 덕분에 부동산 시장 상승기를 잘 타면서 내 자산 가치는 크게 불어났다. 그러나 남과 비교하며 초심을 잃기도 했고, 모든 현금을 투자에 쏟아 부은 결과 2022년 역전세 사태 때는 단돈 1,000만 원의 현금도 없는 상황에 직면했다.

다행히 나는 역전세 사태를 피할 수 있었지만, 그때 느낀 위기의식으로 현금 보유의 중요성을 깨닫고 보유 중이던 부동산 8채 중 한 채를 매도해 현금 비중을 늘렸다. 현금은 부동산 시장 변동성에 대비하는 안전장치이며, 새로운 기회가 왔을 때 도전할 수 있는 자산이기도 하다.

전문가들도 전체 자산의 10~30% 정도를 현금으로 유지할 것을 권한다. **나 역시 임차인의 보증금을 안전하게 지키기 위해 현재 순자산의 약 12% 비중을 은행 예금과 바로 현금화할 수 있는 주식으로 보유하고 있다.**

주택의 신규 매수와 매도 없이 보유 주택 7채를 관리하는 것에 집중하고 있으며 부동산 시장의 상황을 지켜보고 있다. 앞으로는 상황에 따라 주택 수를 조절해 관리가 좀 더 편한 규모로 숫자를 줄이고, 노후에 스트레스 없이 관리가 가능한 시스템을 만드는 데 주력할 계획이다.

5장

달라지는 부동산 정책에도 흔들리지 않는 투자 마인드셋

비교하지 말고 영끌 하지 말고
나만의 투자 기준을 세워라

부모님께 서울 아파트에서 나오는 월세로 편안한 노후를 선물해 드릴 수 있었던 것도, 결국은 내가 일찍부터 부동산 투자라는 길을 선택했기 때문이었다. 부동산 투자를 긴 시간 꾸준히 이어 나갈 수 있었던 것은, 남이 하는 대로 따라가지 않고 '내 돈 그릇'에 맞는 투자를 했기 때문이었다.

요즘은 다양한 투자 정보를 굉장히 쉽게 접할 수 있는 시대다. 부동산 콘텐츠를 보면 "이것만 하면 돈 벌 수 있다"는 말이 넘쳐난다. 하지만 정보가 많아질수록 사람들은 오히려 결정 장애에 빠지게 된다.

누군가는 부동산 투자가 '진리'라 하고, 누군가는 이제 '고배당주 투자의 시대'라고 한다. 부동산도 한때는 초소형 아파트 여러 채가 유행이었다가, 금세 '똘똘한 한 채'가 정답이라고 바뀌었다. 지식산업센터, 생활형숙박시설, 공시가 1억 미만 아파트 투자법 등 **그때그때 뜨는 재테크 트렌드는 많지만, 결국 유행은 사라져 버리고 책임은 투자자 본인이 지게 된다.**

나 역시 처음부터 흔들리지 않는 투자를 했던 것은 아니다. 17년 동안 꾸준히 부동산 투자를 하면서 여러 시행착오를 거치며 나만의 기준을 세워나갔다. 그 과정에서 **가장 중요한 건 남이 아닌 바로 '나 자신'을 기준으로 삼는 투자를 했던 것이었다.**

참고로 내 지인 중 두 명은 과거 강남 3구의 아파트에 투자했지만, 결과적으로 큰 수익은 얻지 못했고 지금은 부동산 투자에서 완전히 손을 뗐다.

A는 30대 초반, 소득 수준보다 높은 한도의 대출을 받아 송파구 잠실동의 84㎡ 인기 아파트를 매수했다. 지금도 '똘똘한 한 채' 전략은 좋은 투자 방법이지만, A는 이자 부담이 큰 후순위 담보 대출까지 동원해 무리한 선택을 했다. 문제는 그 시기가 하필이면 부동산 시장의 장기 침체기였다는 점이다.

 **부동산 용어 설명**

> ✓ **후순위 담보대출**
> 아파트와 같은 담보를 제공해 돈을 빌리는 형태로 이미 선순위로 설정된 대출이 있는 상태에서 추가 대출을 받는 것을 말한다. 선순위 대출보다 금리가 더 높으며, 보통 1~2%에서 많게는 7% 이상까지 금리 차이가 날 수 있다.

대출이자 부담으로 늘 빠듯하게 생활하던 A는 2017년 5월, 부동산 시장이 회복 조짐을 보이자 지금 시세에 아파트를 매도하면 그동안 납부한 이자만큼의 손실을 만회할 수 있겠다고 판단했다. 그동안의 '대출 지옥'에서 벗어나고 싶다는 마음이 컸고, 결국 그 아파트를 매도했다.

A가 아파트를 팔아버린 이후 서울의 아파트는 수직 상승을 했다. 2017년 11억에 매도한 이 아파트는 2025년 현재 무려 28억 원에 거래되고 있다. A는 대출 한도를 줄여 더 저렴한 지역의 아파트로 이사했지만, '그때 조금만 더 버텼다면'이라는 후회에 발목이 잡혀 이후로는 부동산 투자에 대한 흥미를 완전히 잃어버렸다.

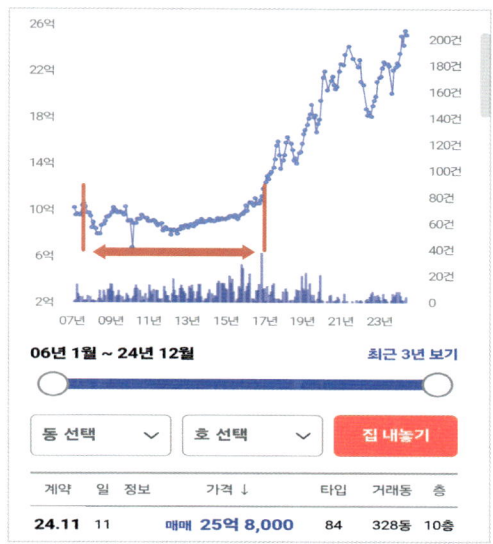

송파구 잠실동 아파트 시세 그래프 (출처: 아파트실거래가 앱)

(왼쪽) 위 아파트의 2017년 실거래가 (오른쪽) 2025년 실거래가 (출처: 아파트실거래가 앱)

B도 비슷했다. 강남구 수서동의 아파트에 갭투자를 했는데, 투자금이 부족해 신용 대출까지 끌어 썼다. 좋은 직장에 다니고 있

었기 때문에 신용 대출의 이자 상환은 어렵지 않았지만, 예기치 않게 갑자기 퇴사하게 되면서 상황이 급변했다.

직장을 그만두자 은행에서 신용 대출을 상환하라는 통보를 받았고, 신용 대출을 상환하지 못하면 신용 불량자가 될 위기에 급히 아파트를 급매로 처분했다. 취득세와 중개수수료 등을 공제하고 나니 손에 남는 것은 없었고, 겨우 신용 대출을 갚은 뒤에는 투자에 대한 자신감을 완전히 잃어버렸다.

이처럼 A와 B 모두 '똘똘한 한 채', '강남 아파트'라는 투자 공식의 정석을 따라했지만, 자신의 자금 사정과 대출 리스크를 고려하지 않은 채 투자를 진행한 탓에 결과적으로 손실을 보고 투자 시장을 떠나게 되었다.

부동산 투자의 핵심은 '남들이 말하는 똘똘한 한 채'를 사는 것이 아니라 '내 돈 그릇에 맞는 똘똘한 한 채'를 찾는 것이다. 여기서 전제 조건 '내 돈 그릇에 맞는'이 중요하다. 나만의 '똘똘한 한 채'를 통해 투자에 눈을 뜨고, 이후에는 내 상황과 목표에 맞는 방식으로 투자 영역을 확장해 나가야 한다. 부동산 투자는 장기전이다. **오래 살아남기 위해서는 언제나 내 돈에 맞는 안전한 투자를 해야 한다.**

남에게 보여주기 위한
부동산 투자는 실패하기 쉽다

　나라고 해서 항상 내 자금 사정에 맞는 투자를 해온 것은 아니었다. 지금은 절약을 실천하며 사는 삶을 지향하지만, 과거에는 나 역시 사람들의 시선을 많이 의식하며 소비하던 시기가 있었다. **특히 사회에 첫발을 내디딘 20대 직장 초년생 시절에는 여전히 '타인의 시선'을 의식하며 살고 있었다.**

　스물아홉, 마지막 20대를 기념하며 스스로에게 선물한 건 한 달 월급을 훌쩍 넘는 명품백이었다. 솔직히 말하면, 그 가방이 정말 마음에 들어서 산 것은 아니었다. 내가 진짜 원했던 소비가 아니라, '이 정도로 비싼 가방을 살 수 있는 능력있는 사람'으로 보이고 싶은 욕망 때문이었다.

스물아홉에 처음이자 마지막으로 샀던 명품백. (직접 촬영)
소비도 투자처럼 과시를 위해 하면 안 된다는 사실을 깨달았다.

부자가 되고 싶다는 꿈은 컸지만, 현실적으로 자산을 만들기 어려웠던 시절이었다. 그 감정의 공허함을 옷과 가방 같은 소비로 대리 만족을 했던 것이다.

하지만 명품백이 주는 만족감은 길어야 1년을 넘기지 못했다. 명품백 하나로 내 삶의 수준이 갑자기 올라가지 않았고, 남들이 내 가방에 크게 관심을 가져주는 것도 아니었다. 오히려 '누구를 위해 이 돈을 쓴 걸까?'라는 질문만 남았다.

소비든 투자든, 타인의 시선을 따라가다 보면 결국 방향을 잃는다. 지금 생각하면, 명품 가방을 든다고 해서 부자처럼 보이는 것도 아니었는데 그때는 몰랐다. 참 철없던 시절이었다.

이런 과시는 단순한 소비에만 그치지 않았다. 내가 했던 투자 중에도, 남에게 과시하기 위해 결정한 사례가 있었다. 바로 송파구 잠실동에 있는 전용 27㎡ (공급면적 12평)짜리 대단지 아파트였다.

20대 때부터 줄곧 강남 3구의 아파트에 살고 싶다고 생각했다. 강남의 부동산이 입지가 좋고 투자 가치가 높아서가 아니었다. 강남 아파트에 살면 '남들이 나를 부자로 볼 것'이라는 허영심이 진짜 이유였다. 그 시절의 나는, 강남이라는 입지적 프리미엄보다 그곳이 주는 '이미지'에 집착하고 있었다.

물론 강남의 아파트는 내 자금력으로는 평생 살 수 없는 금액이었다. 그러던 중, 송파구 잠실동의 12평짜리 아파트를 약 2억 원의 갭으로 전세를 끼고 매수할 수 있다는 사실을 알게 되었다. 잠실의 12평짜리 아파트는 나중에 대출을 좀 무리해서 받으면 입주도 할 수 있을 것 같아 대출을 받아 갭투자를 했다.

그 아파트는 롯데월드타워 바로 맞은편에 있었다. 마침 롯데월드타워가 막 완공된 시기라, 화려한 야경이 주목을 받던 때였다. 나는 그 아파트에 입주해 롯데타워를 배경으로 사진을 찍고, '우리 집 뷰'라며 SNS에 올릴 상상까지 하고 있었다. 정작 그 아파트가 마음에 들었던 것도, 실거주하기에 적합한 조건도 아니었는데 말이다.

직장과의 거리도 멀었고, 단지 '강남 3구', '잠실 아파트', '롯데월드타워 뷰'라는 남들에게 과시하기 위해서 계약한 아파트였다. 계약을 하자마자 만족감보다는 이 아파트의 단점만 눈에 보이기 시작했다. 올림픽대로에서 들려오는 차량 소음과 매연이 신경 쓰이기 시작했고, 비싼 집값 대비 너무 좁은 평수도 만족스럽지 않았다.

결국 이 집은 보유 6개월 만에 100만 원의 손해를 보고 매도했다. 이후로는 남에게 보여주기 위한, 허영심에서 비롯된 소비나 투자를 다시는 하지 않게 되었다.

요즘은 소셜미디어의 발달로 SNS에 자신이 가진 것을 과시하는 문화가 더욱 일상화되고 있다. 과거에는 '과소비'로 여겨졌던 것들이 이제는 자연스럽게 우리 일상 속으로 스며들었다. 인스타그램에 올릴 사진 한 장을 위해 소비를 하고, 보여주기 위한 삶을 사는 사람들이 늘어나고 있다.

여름휴가로 해외여행은 당연하게 다녀와야 할 것 같고, 집은 없어도 외제차는 타야 할 것 같은 분위기. 타인의 시선을 의식한 소비가 하나의 트렌드가 되어버렸다. 하지만 그런 소비가 주는 만족감은 오래가지 않는다.

어떤 물건을 살 때 '남들이 어떻게 볼까?'라는 생각이 먼저 든다면, 그건 내게 꼭 필요한 물건이 아닐 가능성이 높다. 결국 힘들게 번 내 돈을 타인에게 보여주기 위해 쓰는 것이다. **타인의 시선 때문에 내 돈을 쓸 것인지, 아니면 정말 나 자신을 위해 쓸 것인지 생각해보자.**

진짜 부자는 남의 시선이 아니라, 자신의 삶을 중심에 두고 선택하는 사람이다. **보여주기 위한 삶이 아닌, 나를 위한 삶을 살기로 마음먹는 순간부터 내 돈의 방향도 달라진다.** 부를 향한 여정은 '진짜 나'를 위한 소비와 투자에서 시작된다.

나만의 투자 기준을 지키면
실패하지 않는다

첫 내 집 마련 후 잔금을 치른 지 두 달 만에 '리먼 브러더스 사태'를 맞았다. 그 이후로 긴 부동산 침체기를 겪었기 때문에 처음부터 부동산 투자로 쉽게 돈을 벌 수 없었던 것이 오히려 내게는 다행이었다는 생각이 든다.

만약 운 좋게 집을 사자마자 집값이 많이 올랐다면, 부동산은 쉽게 돈을 버는 수단이라 착각했을지도 모른다. 아마도 무리한 대출을 받아 더 많은 집을 사들였을 것이고, 결국 감당하기 힘든 세금과 역전세난에 투자 실패로 이어졌을 가능성이 크다.

하지만 첫 투자에서 '단기간에 부동산으로 돈을 벌기란 쉽지 않다'는 현실을 느꼈기 때문에 이후 투자를 할 때는 절대 내가 감당할 수 있는 범위를 넘는 대출을 받지 않았다. 리먼 사태 이후 강남의 10억 원대 아파트 가격이 수억 원씩 하락했다. 지금 기준으로도 수억 원은 큰돈이지만, 당시에는 일반 직장인이 평생을 일해도 모으기 힘든 큰 액수였다. 그 시절, 10억만 있어도 조기 은퇴가 가능하다고 여겨질 정도였으니 일반인 입장에서 보면 상상조차 힘든 수준의 하락이었다.

2008년 리먼 사태 당시 수억 원씩 하락했던 서울 아파트 (출처: 아파트실거래가 앱)

'아파트실거래가' 앱에서 확인한 2008년 리먼 사태 당시 강남 3구의 아파트를 보유한 지 불과 2년 만에 적게는 2억~3억 원, 많게는 5억 4,000만 원까지 손실을 보고 매도한 사례들이다.

리먼 사태가 터지기 전까지만 해도 수년간 집값은 꾸준히 상승하는 호황장이었다. 많은 사람이 '부동산은 계속 상승한다'는 믿음을 가졌고, 낙관적인 분위기가 팽배했다.

하지만 리먼 사태가 발생하자 상황은 완전히 달라졌다. 부동산 시장은 예고 없이 얼어붙었고, 무리하게 대출을 받아 집을 샀던 사람들은 급격히 늘어난 이자를 감당하지 못해 집을 팔수밖에 없었다. 아이러니하게도, 지금 이 아파트의 실거래가는 40억 원에 이르고 있다.

이런 사례는 과거에만 있었던 특별한 상황이 아니었다. 몇 년 전에도 비슷한 상황이 반복됐다. 글로벌 금융위기까지는 아니었

리먼 사태 당시 8억~9억 원까지 하락했던 서울 아파트는 2025년 현재 40억 원에 거래되고 있다.
(출처: 아파트실거래가 앱)

지만, 초저금리 기조가 지속되며 집값이 단기간 급등하자 많은 사람이 신용 대출까지 끌어다 갭투자에 나섰다. 집값이 계속해서 오르자 정부는 뒤늦게 대출 규제에 나섰고 영원히 지속할 것 같았던 저금리는 빠르게 고금리로 전환되었다.

결국 이자 부담을 이기지 못한 많은 투자자들이 집을 급매로 내놓기 시작했고, 2021년 11월 13억 5,000만 원에 거래되던 송파구의 아파트는 1년 만인 2022년 12월, 8억 8,000만 원까지 하락했다. 부동산 침체기가 오래 지속될 것이라는 비관적인 전망도 많았다.

그러나 2025년 이 아파트의 시세는 14억 원대로 회복했다. 부동산 시장의 사이클은 이렇게 반복된다. 급등 뒤에는 급락이, 급락 뒤에는 회복이 찾아온다. 결국 버티는 힘, 그리고 감당 가능한 수준에서 투자하는 원칙이 살아남을 수 있는 비결이다.

리먼 사태 당시의 부동산 폭락은 내게 너무도 강한 인식으로 남았다. '대출을 받아 집을 사면 망할 수도 있다'는 두려움이 깊게 각인됐고, 그 여파로 나는 세 번째 집을 매수할 때까지 단 한 번도 대출을 받지 않았다.

2023년 하락했다가 다시 회복한 서울 아파트 가격 (출처: 아파트실거래가 앱)

　네 번째 집부터는 점차 투자 규모를 키워가면서 대출을 활용하기 시작했지만, 절대 1억 6,000만 원을 넘기지 않는다는 내 기준을 분명히 지켰다. 그 금액이 내가 혼자 감당할 수 있는 대출 금액의 상한선이었고, 지금까지도 그 원칙을 쭉 지키고 있다.

　또한 대출을 받을 때는 항상 변동 금리보다 이자가 조금 높더라도 '5년 고정 금리'를 선택했다. 당장은 이자를 조금 더 많이 내는 손해가 있어도 금리 변동이라는 외부 요인으로 흔들리고 싶지 않았다. 실제로 2020년 6월, 1억 6,000만 원의 담보 대출을 받을 때 1.8%의 변동 금리 대신 2.38%의 '5년 고정 금리'를 선택했다.

당시는 주변에서도 "굳이 더 비싼 고정 금리를 선택하느냐"는 말이 많았지만, 이후 금리는 빠르게 상승했고 변동 금리를 선택했던 많은 투자자가 5~6% 넘는 이자 부담에 시달렸다. 반면 나는 금리가 인상된 이후에도 예금 이자 3~4%보다 더 낮은 2.38%의 고정 금리 이자를 낼 수 있었다.

당장은 손해를 볼 수 있어도 내 마음이 편한 선택. 그것이 내가 지금껏 부동산 투자 시장에서 버틸 수 있었던 비결이었다.

보유중인 대출	진행중인 대출
등기전신용(MCI)	⋮
대출잔액	143,921,604원
이자율	2.381%
만기일	2055-06-02
상태	정상

대출은 1억 6,000만 원을 넘기지 않고, 고정 금리를 선택한다는 기준을 지키고 있다

유행보다 나에게 맞는 투자로, 부동산 정책 변화에 흔들리지 마라

2022년 다주택자의 종부세 부담이 커지자, 종부세 대상에서 제외되면서 월세 수익까지 얻을 수 있는 '지식산업센터'^{이하 '지산센'} 투자가 큰 인기를 끌었다. 지산센은 분양가가 계속 올랐고 신축 아파트 분양권처럼 프리미엄까지 붙었다. 당시 직장이 가산디지털단지에 있었기 때문에 주변에 새로 들어서는 지산센 홍보관이 정말 많았다.

"90%까지 대출이 가능하다."
"소액의 계약금만 있으면 고정적으로 월세를 받을 수 있다."

저금리 시대였기 때문에 대출을 받아 월세를 받으면 투자 수익률이 높다는 말에 잠시 마음이 흔들리기도 했다. 하지만 내 자금

없이 대출로 투자하는 것은 높은 리스크를 떠안는 일이라고 판단해 지산센 투자를 포기했다.

그리고 얼마 지나지 않아 금리가 급격히 인상되자, 지산센의 거품은 빠르게 꺼졌다. 너도나도 몰렸던 투자처였지만 결국 대출금 이자를 감당하지 못하고 손해를 본 사람이 속출했다.

좋은 대출과 나쁜 대출을 구별하고, 금리와 무관하게 '대출의 무서움'을 잊지 않는 것. 그것이 흔들리지 않는 투자의 핵심 원칙이 되었다.

17년간의 투자 경험으로 내가 세운 세 가지 투자 원칙은 아래와 같다.

첫째, 무리한 대출은 받지 않는다.
대출을 받아 투자하더라도 매달 상환이 가능한 수준을 넘기지 않았고 대출 금리에 영향을 받지 않는 자금 구조를 만들었다.

둘째, 유행을 좇지 않는다.
유행처럼 번지는 내가 잘 모르는 투자 방식에는 관심을 두지 않았다. 내 자금 사정과 투자 성향에 맞지 않으면 절대 투자하지 않는다.

셋째, 장기적 관점으로 본다.

부동산은 단기간에 결과가 나오는 투자가 아니다. 떨어졌다고 팔아버리면 손실로 끝나지만, 기다릴 수 있다면 결국 기회가 온다. 실제로 많은 사람이 팔고 나서 몇 년 안에 가격이 회복되는 걸 보며 후회하는 경우를 많이 봤다.

이런 원칙은 나를 보호하는 안전장치이자 흔들리지 않게 해주는 나침반이 되었다. 이 원칙을 지켰기 때문에, 부동산 시장이 출렁일 때마다 느긋하게 기다릴 수 있었다. **남들보다 빨리 돈을 벌진 못했지만, 남들보다 오래 살아남을 수 있었던 이유다.**

"부동산은 움직이는 생물과 같다"는 말이 있다. 오랫동안 부동산 시장을 지켜보며 이 말의 의미를 이해할 수 있게 되었다. 부동산 정책은 늘 바뀌고, 세법도 자주 손질된다. 시장은 갑자기 과열되었다가 한순간 싸늘하게 식어버린다. 한마디로 예측이 어렵고, 변화의 속도가 빠르다. 2008년부터 부동산 투자를 이어오면서 느낀 것은 시장이 유행을 따라 끊임없이 변한다는 사실이었다.

한때는 장기 침체기 속에서 월세 수익을 얻을 수 있는 오피스텔과 다가구 주택이 인기를 끌었고, 그 뒤 전세가와 매매가의 차이가 줄어들자 초소형 아파트 여러 채를 갭투자로 매수하는 다주택 전략이 각광받았다.

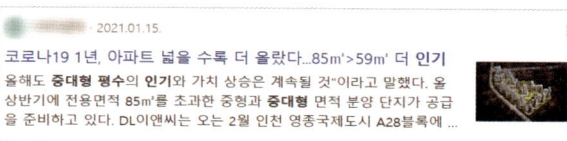

중대형 평수 인기 기사

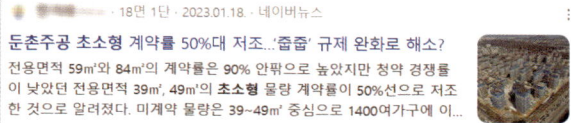

둔촌주공 초소형 면적 계약률 저조 기사

초소형 아파트 인기 기사

    그러나 다주택자에 대한 규제가 강화되자, 분위기는 금방 바뀌었다. 사람들은 "이제는 거거익선(클수록 좋다)"이라며 대형 평수 아파트에 열광했다. 한때는 누구도 눈길을 주지 않던 40~50평대 아파트가 인기를 끌면서, 2023년 둔촌주공(올림픽파크포레온)의 작은 평수 계약률이 낮아서 1,400채가 미분양되기도 했다.

    그런데 또 얼마 지나지 않아 1~2인 가구의 증가로 다시 초소형 아파트가 재조명되고 있다. 불과 몇 년 사이에 사람들의 기준과 부동산 시장의 트렌드는 완전히 달라진 것이다.

부동산 시장은 늘 변하고, 언론은 언제나 위기만 강조한다. 하지만 서울과 수도권의 부동산은 그 속에서도 꾸준히 상승했다. "지금이 기회다"라는 이야기는 들어본 적이 없었다. 내가 줄곧 들었던 뉴스는 "나라 경제가 위험하다", "집값이 너무 비싸다", "서민은 내 집 마련이 어렵다"는 비관적인 전망이었다.

가계 부채가 심각해서 우리나라 경제가 붕괴할 수 있다는 뉴스는 십수 년째 반복되고 있다. 물가가 너무 올라 걱정이고, 젊은 세대는 집 사기가 어렵다는 한탄도 끝이 없다. 그럼에도 우리 경제

가계 부채가 심각하다고 경고하는 기사

는 계속 성장해왔고, 집값 역시 길게 보면 우상향해왔다.

현재의 불안과 문제만을 보여주는 뉴스 속에서도 현명한 투자자는 흔들리지 않아야 한다. 단기적인 공포에 휘둘리지 않고, 나만의 기준을 지키며 긴 호흡으로 부동산 시장을 바라보는 자세가 필요하다.

집값이 하락할 때는 모두가 입을 모아 "부동산 투자로 돈을 버는 시대는 이제 끝났다"고 말한다. 하지만 내 경험으로는 그때가 오히려 가장 싸게 살 수 있는 시점이었다. 대부분 사람들은 반대로 투자한다. 부정적인 뉴스들로 도배되는 시기에 부동산 시장에 등을 돌리고, 집값이 오르기 시작하면 뒤늦게 쫓아간다. 공포일 때 담고, 탐욕일 때 멈추는 것, 투자는 대중과 반대로 해야 한다.

투자 결실을 맺을 때까지 기다릴 줄도 알아야 한다

최근 들어 'IMF급 위기'라거나 '부동산 투자로 돈 버는 시대는 끝났다'는 말이 자주 들린다. 나 역시 이제 주택 수를 무조건 늘리는 방식으로는 예전처럼 쉽게 수익을 내기 어려운 시대라는 점에는 동의한다. 하지만 그렇다고 해서 부동산으로 돈을 벌 수 없는 시대라는 말에는 동의하지 않는다.

2023년 5월, 투자 대가 워런 버핏 버크셔 해서웨이 회장이 133억 달러약 17조 6,000억 원의 주식을 매도하며 "쉽게 돈 버는 시대는 끝났다"는 견해를 밝힌 바 있다. 그럼에도 불구하고, 나스닥과 S&P500 지수는 계속해서 상승하고 있다.

끊임없이 반복되는 '투자로 돈 버는 시대가 끝났다'는 말들

부동산 시장도 마찬가지다. 과거부터 거래량이 조금이라도 줄어들면 '부동산으로 돈 버는 시대는 끝났다'고 호들갑을 떠는 뉴스가 쏟아졌고, 거래량이 조금 늘어나면 장밋빛 전망이 넘쳐났다. 이처럼 시장의 흐름은 늘 극단적인 뉴스에 휩쓸리기 마련이다.

'부동산으로 돈 버는 시대가 끝났다'는 말도 끊임없이 나온다

2010년과 2017년에 작성된 위 기사를 지금 돌아보면, 그 시기

는 오히려 투자하기 매우 좋은 시기였다는 것을 알 수 있다. 부동산 투자는 단기적인 수익을 노린다면 성공하기 어려운 투자다. 나무를 심고 열매를 수확하려면 오랫동안 물을 주고 잡초를 뽑으며 가지치기를 하는 등 꾸준한 정성이 필요하듯, 투자도 마찬가지로 긴 시간 동안 인내하며 기다려야 비로소 결실을 맺는다.

나 역시 첫 투자에서 단기 수익을 기대하다가 결실을 기다리지 못하고 매도하는 바람에 큰 수익을 놓친 경험이 있다. 나무가 열매를 맺을 때까지 기다리듯, 투자 역시 긴 시간 믿음을 가지고 인내해야 한다. 그리고 좋은 땅에 심은 나무가 더 튼튼하게 자라듯, 좋은 입지에 투자한 자산이 더 큰 수확을 안겨줄 것이다.

워런 버핏의 오랜 친구이자 버크셔 해서웨이 부회장이었던 찰리 멍거는 "가장 경계해야 할 마음은 질투심과 부러움"이라고 말했다.

적당한 질투심은 나를 성장시키는 원동력이 될 수 있지만, 지나친 질투는 오히려 독이 된다. 질투가 마음속에 자리 잡으면 '남들보다 뒤처졌다'는 생각에 집착하게 되고, 남보다 더 많은 돈을 벌고 싶다는 욕심이 무리한 투자를 부추기기 때문이다.

강남의 초고가 아파트 집값이 수십 억씩 뛰는 것을 부러워하거나 내가 투자한 아파트보다 지인이 투자한 아파트 가격이 더 오르는 것을 시기하고 질투하는 사람이 많다. 집값이 너무 올랐다며 "전쟁이 나서 한번 싹 뒤엎고 다시 시작했으면 좋겠다"거나 "다주택자들 전부 망해버렸으면 좋겠다"는 말을 하는 사람들도 있다. 전쟁이 나면 본인도 죽을 수 있고 다주택자가 망한다고 해서 본인의 삶이 달라지지 않는 것을 간과한 채 말이다.

2년 만에 20억이 상승한 래미안원베일리 실거래가 (출처: 아파트실거래가 앱)

투자를 하다 보면 시기, 질투 등 여러 감정들이 생길 수밖에 없겠지만, 애초에 내가 30억짜리 아파트는커녕 10억짜리 아파트를 살 돈도 없는데 부러워해봤자 연예인이 돈 잘 버는 것을 부러워하는 마음과 다를 바가 없다.

2008년 내가 처음 투자를 했을 때, 갭 1,000만 원으로 10채의 아파트를 사두었던 매도자를 시기하고 질투해서 '집 가지고 장난치는 다주택자들은 모두 망해야 한다'는 생각에 빠졌다면, 나는 부동산 투자로 돈 벌 수 있는 기회를 놓쳤을 것이다.

타인의 투자와 비교하는 마음을 내려놓고 내 투자에만 집중을 한다면 편안한 마음으로 장기 투자를 할 수 있을 것이다.

22년간 부동산 투자를 위해
11권의 다이어리에 빼곡히 적은 기록

　투자 이야기를 하다 갑자기 '메모와 기록' 얘기가 나와 의아할 수도 있겠다. 요즘은 스마트폰으로 스케줄 관리를 하는 시대지만, 나는 오랫동안 수첩에 직접 기록하는 습관을 지켜왔다. 매년 12월이면 양지사에서 판매하는 늘 똑같은 다이어리를 구입하며 새해를 시작한다.

　그 다이어리에 월세 입금일, 임차인 계약 만기일, 가족 생일 등 중요한 날짜들을 꼼꼼히 적고, 새해 목표나 희망사항도 메모해 둔다. 세금 관련 일정과 기억해야 할 메모가 담긴 이 다이어리는 1년 내내 내 손을 떠나지 않는 소중한 기록이다.

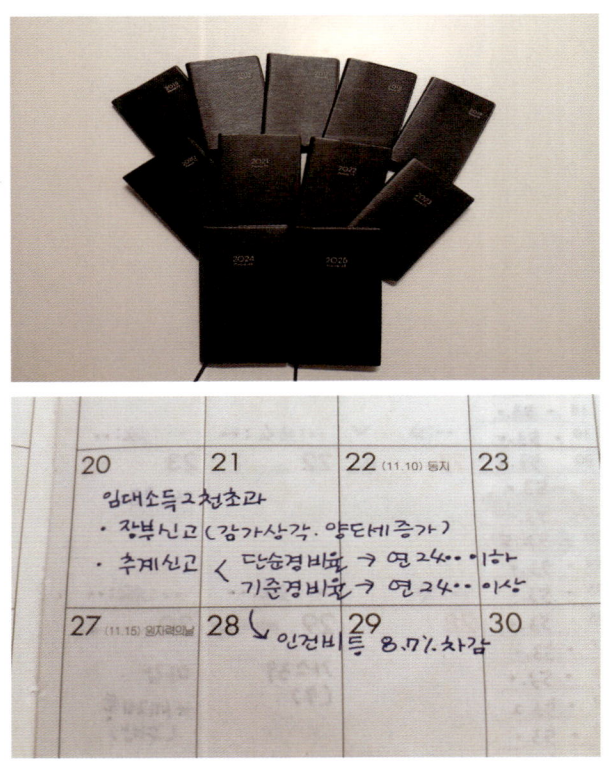

그동안의 투자 과정을 세세히 기록한 11권의 다이어리 수첩 (직접 촬영)

또한 나는 네이버 블로그에 꾸준히 글을 쓰는 취미도 갖고 있다. **투자 과정에서 겪은 경험과 내 생각, 일상을 기록한 글들이 쌓여 내 자산이 되었고, '골드곰'이라는 브랜드를 만들어주었다.**

블로그를 시작한 계기는 '싸이월드'가 사라지면서 일상 사진을 올릴 대안이 필요했기 때문이었는데, 2018년부터는 본격적으로 부동산 투자 이야기를 적기 시작했다. 2021년에는 네이버 애드포스트가 제공하는 광고 노출 및 수익 공유 서비스에 가입할 자격도 얻어 그동안 100만 원의 수익도 올렸다.

무엇보다 블로그 글쓰기는 단순한 수익을 넘어 내 생각을 정리하고 표현하는 능력을 키워준다. 투자 고수들이 많이 활동하는 네이버 블로그를 꾸준히 구독하며 그들의 투자 인사이트를 배우는 것에도 큰 도움이 된다. 나 역시 수십 개의 투자 관련 블로그를 구독하며 많은 지혜를 얻고 있다.

요즘은 유튜브 쇼츠나 인스타그램 릴스 같은 짧은 영상 콘텐츠가 대세지만, 글이 주는 힘도 여전히 크다. 블로그에 투자 경험과

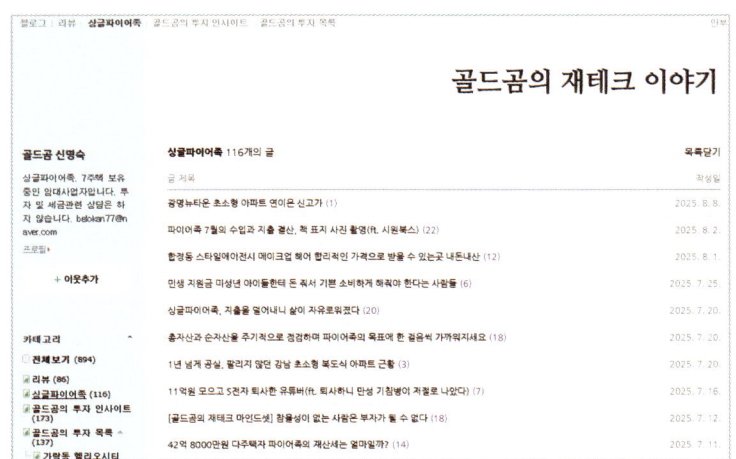

부동산 투자 정보를 공유하고 있는 블로그 (골드곰의 재테크 이야기)

생각을 꾸준히 기록한 덕분에 머니투데이 유튜브 '싱글파이어'와 세계일보 유튜브 '머니파인더'에 출연할 기회를 얻었고 책 출간 제안까지 받을 수 있었다.

블로그 이웃들과의 소통과 공감도 큰 힘이 되었다. 투자 과정에서 어려움이 있을 때마다 블로그 이웃들의 위로가 도움이 되었고 투자에 대한 관심을 꾸준히 가질 수 있었다.

단언컨대, 다이어리와 블로그에 적은 기록들이 투자에 대한 자신감을 키워주었고, 나를 한 단계 더 성장시키는 밑거름이 되었다. 투자를 통해 성공하고 싶다면 당장 다이어리를 구입해 구체적인 목표를 기록하고, 블로그를 만들어 꾸준히 글을 써보길 권한다. 처음부터 잘 쓰지 못해도 괜찮다. 만약 어떤 글을 써야할지 막막하다면 맛집 사진 한 장이라도 올려보자. 초등학생 수준의 글쓰기라도 문제없다. 블로그에 글을 쓰는 게 상을 받기 위해서만은 아니니까.

　나 역시 사진 한 장을 올리며 처음 블로그를 시작했다. 그렇게 차곡차곡 기록들이 쌓이면 언젠가는 '맛집 전문 인플루언서'가 될 기회도 생기지 않을까?

실패에 대한 두려움을 극복해야
자산을 크게 불릴 수 있다

사람들이 투자를 망설이는 가장 큰 이유는 실패에 대한 두려움 때문이다. 하지만 실패가 두려워 아무것도 하지 않으면, 결국 아무 일도 일어나지 않는다. 투자의 첫걸음을 잘못 내디뎠더라도 차근차근 문제를 풀어가며 다시 맞춰 나가면 된다.

나의 첫 투자도 실패한 투자였다. 첫 투자로 투자 가치가 낮은 13평짜리 낡은 원룸 아파트를 샀다. 이 조차도 1년간 망설이다가 겨우 1,000만 원 갭으로 살 수 있던 아파트를 다섯 배나 높은 5,000만 원 갭으로 매수했다. 잔금을 치른 지 두 달 만에 리먼 사태가 터지면서 장기적인 부동산 침체기가 시작되었다. 내 투자는 처음부터 잘못된 단추를 끼운 셈이었다.

두 번째 투자는 너무 이른 나이에 시세 차익형이 아닌 수익형 투자에 나섰다. 젊을 때는 월세 수익형보다는 임차인의 보증금을 레버리지로 활용해 더 큰 수익을 올릴 수 있는 갭투자가 유리했지만, 당시에는 레버리지에 대한 이해가 부족했고 집값 하락에 대한 두려움 때문에 월세 수익을 택했다.

2016년, 반포자이 59㎡ 공급면적 25평 아파트를 살지 말지 고민하던 시기도 있었다. 당시 필요한 자금은 2억 원이었다. 매달 70만 원씩 받고 있던 월세를 포기하고 전세로 돌리면 자금 마련도 충분했지만 투자를 포기했다.

반포자이 아파트의 투자를 주저한 가장 큰 이유는 리먼 사태로 인한 강남 집값 폭락의 기억 때문이었다. **몇 년 전만 해도 수억씩 떨어졌던 강남 아파트 가격을 떠올리니 10억이 넘는 비싼 아파트에 투자한다는 결심이 쉽지 않았다.** 그러나 그 당시 투자에 대한 두려움을 떨쳐내지 못한 대가로 얻은 수익률의 차이는 지금 생각해도 많이 아쉽다.

2024년 기준, 내가 보유 중인 도시형생활주택 원룸의 시세는 3억 4,200만 원인 반면, 투자를 포기했던 반포자이 59㎡ 공급면적 25평는 실거래가가 30억 원에 달한다. **투자를 포기한 수익의 차이가 어마어마하다.**

2016년 반포자이 아파트 25평의 전세와 매매 실거래가
(출처: 아파트실거래가 앱)

내가 투자한 도시형생활주택 원룸 실거래가 (출처: 아파트실거래가 앱)

2016년의 선택은 지금까지도 아쉬움으로 남아 있지만, 그 경험 덕분에 '레버리지 활용'이 투자에서 얼마나 중요한지를 뼈저리게 깨닫게 되었다. 이후 나는 대출 레버리지를 적극적으로 활용해 송파구 가락동의 신축 아파트 분양권에 투자했고, 큰 수익을 얻을 수 있었다. 투자에서 레버리지의 중요성은 아무리 강조해도 지나치지 않다. 실패할 수도 있다는 두려움을 극복한 사람만이 자산을 두 배, 세 배로 불릴 수 있는 단계를 넘어설 수 있다.

최근 부동산 상승기에 무리한 투자로 인해 큰 손실을 본 이들도 있을 것이다. 그러나 나는 그들에게 젊은 시절 겪은 실패는 결국 인생 전체를 놓고 보면 값진 자산이 될 수 있다고 말해주고 싶다. 당장은 힘들고 절망스러울 수 있지만, 모든 사람이 항상 성공만 하며 살 수는 없다. 지금 겉으로 보기엔 성공한 사람들도 대부분 크고 작은 실패를 경험했고, 그 실패들이 내면을 단단하게 만들어준 원동력이 되었던 것이다.

실패를 경험해본 사람만이 작은 수익에도 감사할 줄 알며, 똑같은 실수를 반복하지 않기 위해 더욱 신중해진다. 나 역시 투자 초기의 실패가 없었다면 리스크 관리의 중요성을 체감하지 못했을 것이고, 언젠가는 더 큰 손실을 맛봤을지도 모른다. 실패는 나를 지키는 든든한 방패이자, 더 나은 투자자로 성장하게 해준 교훈이었다.

투자와 함께 긍정적인 생각이
불러일으킨 나비효과

    1억 2,800만 원짜리 낡은 아파트를 매수하며 나의 '첫 부동산 투자'가 시작되었을 때, 나는 40대에 10억이 넘는 강남 아파트를 사서 월세를 받으며 조기 은퇴를 하겠다고 다짐했다. 당시 월급이 200만 원도 되지 않았으니 남들이 보기엔 터무니없는 목표였을 것이다.

    하지만 9년 후, 나는 그 낡은 아파트를 레버리지 삼아 강남 3구 중 하나인 송파구의 신축 아파트 분양권을 매수할 수 있었다. 현재 그 아파트의 시세는 14억 원을 넘겼고 47세에 월세를 받아 직장에서 퇴사하겠다는 꿈을 이뤘다. 비록 강남 핵심 지역은 아니지만 내 목표의 절반 이상을 현실로 만들었다.

부동산 투자 기록을 블로그에 쓰기 시작할 무렵, 어떤 닉네임으로 활동할지 고민하던 중 문득 떠오른 인물이 있었다. 바로 부동산 칼럼니스트 '아기곰' 님이었다. **나도 언젠가 아기곰 님처럼 유명해지고 싶다는 단순한 바람과 금빛 성공의 의미를 더해, '골드곰'이라는 닉네임을 지었다.**

그리고 평소 파이어족들의 인터뷰를 소개하는 머니투데이 '싱글파이어' 유튜브 채널을 즐겨 봤다. 그 채널에는 월 현금 흐름이 천만 원도 넘는 파이어족들이 인터뷰의 주인공으로 등장했는데 2024년 3월, 직장에서 퇴사할 당시 '나도 이제 파이어족이 되었으니, 언젠가는 싱글파이어 채널에 꼭 출연해서 내 이야기를 들려주자'고 생각했다.

퇴사 직후, 은행의 예금 이자와 소액의 월세 수익을 합쳐도 월 현금 흐름은 고작 170만 원이었다. 그런 상황에서 36만 명이 넘는 구독자를 가진 유명 유튜브 채널에 출연하겠다는 목표는 이뤄지기 힘든 꿈이었다. 하지만 믿기 어렵게도, 퇴사 후 불과 4개월 만에 싱글파이어 유튜브 채널에서 "인터뷰를 하고 싶다"는 이메일을 받았다.

그렇게 유튜브에 처음 출연한 이후 세계일보 유튜브 채널에서도 인터뷰 요청이 들어왔다. 유튜브에 몇 차례 출연을 하다 보니 꿈은 더 커졌다. '혹시 출판사에서 출간 제안이 들어오면 어떻게 하지?'라며 아직 일어나지도 않은 일을 미리 고민하기도 했다.

나는 22년 동안 북디자이너로 일을 하며 남의 책만 만들던 사람이었다. 내 이름이 적힌 책이 세상에 나온다면 내 인생에 잊지 못할 특별한 의미가 될 수 있을 것 같다고 생각하며 김칫국을 마셨다. 다른 사람들이 봤다면 부동산 투자에 대한 전문 지식도 없는 내가 무슨 재테크 책을 출간하느냐며 비웃을 일이었다. 하지만 유튜브에 출연한 지 4개월 만에 믿을 수 없게도 정말 책을 출간 하고 싶다는 제안이 들어왔다.

부정적인 생각을 멀리 하고 부동산 투자로 돈을 많이 벌고, 유명 투자자들처럼 유튜브도 출연하고, 책도 출간하겠다는 긍정적인 상상이 전부 실현 되었다는 사실이 지금도 믿기지 않는다.

나는 현대그룹 창업자이신 고(故) 정주영 회장의 "이봐, 해보기나 해봤어?"라는 말을 참 좋아한다. 예전 직장 상사께서 현대그룹 홍보실에서 근무하셔서 서해안 간척 사업 당시의 일화를 생생하게 들을 수 있는 기회가 있었다. 서해안 바다의 바닷물을 막아 농지를 조성하는 과정에서 물살이 너무 세서 물막이를 만들 수 없다는 전문가들의 반대가 이어졌다고 한다.

그때 정주영 회장은 노후 유조선을 이용해 물길을 막고 둑을 쌓자는 아이디어를 내놓았고, 모두가 불가능하다고 말했지만 "이봐, 해보기나 해봤어?"라는 단호한 말로 밀어붙였다. 결국 그 공법은 성공을 거두었고, 무려 290억 원의 공사비를 절감했으며, '정주영 공법'이라는 이름으로 세계적인 주목까지 받게 되었다.

정주영 회장과는 비교할 수 없지만 나도 20대에 "월급이 너무 적어서 집을 살 수 없어"라며 포기했거나, "글을 잘 써야 블로그를 시작하지"라는 생각에 아예 시작조차 하지 않았다면 지금의 나는 없었을 것이다. **해보지도 않고 스스로 한계를 긋는 것이야말로 진짜 실패라는 것을,** 나도 내 인생을 통해 깨달았다.

머니투데이 싱글파이어 유튜브 촬영 전날, 예상보다 너무 떨린 나머지 '지금이라도 도저히 못하겠다고 솔직히 말해야 하나?'라며 마음에 갈등이 일어나기도 했지만, 이것도 하나의 경험이라는 생각에 일단 해보자며 불안한 마음을 다독이고 용기를 냈다.

책 출간도 마찬가지였다. 글을 제대로 써본 적이 없었기에 자신감은 없었지만 '되든 안 되든 일단 해보자', '안 하고 후회하는 것보단 하고 후회하는 게 낫다'는 생각으로 도전을 했다.

지나온 시간을 돌이켜보면, 내가 머릿속으로만 그리던 상상들이 믿기 어려울 만큼 빠르게 현실이 되었다. **직장에 다니던 시절, 매일 아침 알람 소리에 눈을 뜨면 "나는 꼭 부자가 될 거야", "꼭 성공할 거야"라고 스스로에게 말하며 출근 준비를 했다. 반복되는 긍정적인 생각을 통한 마인드 컨트롤은 삶의 태도를 바꾸고, 나를 앞으로 나아가게 했다고 믿는다.**

2011년부터는 '순금을 몸에 지니면 재물운이 들어온다'는 말을 듣고 순금을 조금씩 모아 현재까지 77돈을 모았다. 그런 말은 상술에 불과하다고 생각할 수도 있겠지만, 순금 가격이 오르면서 수익도 얻을 수 있게 되었다. 만약 그 말을 그냥 장삿속이라며 무시하고 관심을 두지 않았더라면 순금 투자로 인한 시세 차익 역시 얻지 못했을 것이다.

물론 부자가 될 것이라는 상상만으로 부자가 될 수는 없다. 하지만 이런 긍정적인 생각들이 내게 자신감을 불러 일으켜 투자를

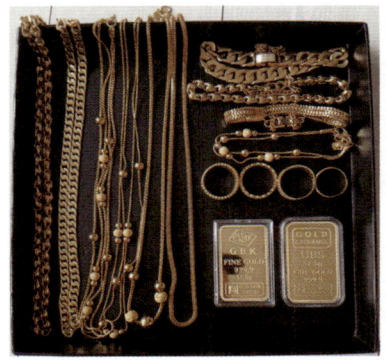 

2011년도부터 모은 순금 투자 (직접 촬영)

지속해 나갈 수 있는 힘을 준 것이라고 믿는다. 지금 내 노트북에 이 책의 원고를 저장하고 있는 폴더의 이름은 '1만 부 판매'다.

인생에서 '될 거야'라는 믿음을 가진 사람과 '안 될 거야'라는 두려움에 사로잡힌 사람의 결과는 다르게 나타난다. 내 상황에서 할 수 있는 것을 하나씩 시도해본 것, 그리고 매 순간 긍정적인 태도로 도전한 것이 오늘의 나를 만들었다고 생각한다.

폴더 이름처럼 이 책이 많은 독자에게 영감을 줄 수 있기를 바란다. 내 이야기가 지금 막 첫 투자를 앞두고 있거나, 실패로 좌절하고 있는 누군가에게 "그래, 나도 다시 해볼 수 있겠다"는 용기를 줄 수 있다면, 그 자체로도 충분히 의미 있다고 생각한다.

나는 앞으로도 계속 'Everything is good!'을 마음속에 새기며, 더 많은 도전과 성장을 이어가고자 한다.

쉽게 집을 살 수 있는 시대는 원래부터 없었다

요즘은 미디어 환경이 달라지면서, 과거보다 훨씬 자주 수십억, 수백억 자산가들의 이야기를 접할 수 있게 되었다. 그러다 보니 단기간에 큰돈을 벌고 싶다는 욕심에 리스크가 큰 투자를 감행했다가 큰 손실을 입는 경우도 많고, 최근 급등한 집값에 상대적인 박탈감을 느끼는 젊은 세대들도 적지 않다.

기성세대를 향해 "좋은 시대를 타고나 쉽게 취직하고 부동산으로도 돈을 벌 수 있었다"고 말하는 사람들도 있지만, 사실 '월급만 모아서는 집을 사기 어렵다'는 이야기는 1970년대부터 지금까지 반복되고 있다.

특히 1970~1980년대는 지금보다 집을 사기 더 어려웠던 시기였다. 예금 금리가 20%에 육박하던 고금리 시대였기에 대출을 받아 집을 산다는 것 자체가 거의 불가능에 가까웠던 시대였다. 요즘처럼 집값의 상당 부분을 대출로 충당해 매수하는 방식은 상상도 할 수 없었다.

집을 사기 쉬웠던 시대는 단 한 번도 없었다.

더 거슬러 올라 조선시대 양반에게도 한양 사대문 안에 내 집을 마련하는 일은 결코 쉬운 일이 아니었다.

> "앞으로의 계획은 오직 한양으로부터 10리 안에서만 살도록 하는 것이다. 만약 집안의 힘이 쇠락해 한양 한복판으로 깊이 들어갈 수 없다면 잠시 근교에 살면서 과일과 채소를 심어 생활을 유지하다가 재산이 조금 불어나면 바로 도시 한복판으로 들어가도 늦지 않을 것이다."
>
> 다산 정약용, 유배지에서 아들에게 보낸 편지

다산 정약용 선생이 유배지에서 아들에게 보낸 편지에는 한양 도심에서 살고 싶다는 간절함이 담겨 있다. 하지만 정약용 선생도 한양 입성에 실패했고, 고향인 남양주에서 생을 마감했다.

집값이 더 저렴했던 과거로 돌아간다 해도 막상 그 시점에서 집을 사기로 결심하는 건 쉽지 않았을 것이다. 나 역시 20~30대 시절엔 미래가 불안했고, 돈을 아무리 모아도 집값을 따라잡기 힘들다는 좌절감에 빠졌던 적이 있었다.

젊은 시절은 원래 돈이 없고 힘든 것이 당연하다. 그 시기를 어떻게 버텨내고, 어떻게 살아내느냐에 따라 내 미래가 결정된다.

20년 전 직장에 다니고 있을 때 선배가 갖고 있었던 동작구 상도동의 신축 아파트 분양권의 프리미엄이 계속 올라 결국 입주할 때 집값이 두 배가 된 적이 있었다. 그때 내 연봉이 2,000만 원 수준이었는데 선배의 집값은 3억 5,000만 원까지 올랐고, 신축 아파트는 감히 평생 살 수도 없는 존재였다. 내가 신입사원이었던 시절에도 돈을 모으는 속도보다 집값 오르는 속도가 더 빨랐다.

교통비까지 아껴가며 겨우 투자금을 모았지만, 점찍어뒀던 아파트가 두 배나 올라 집을 싸게 살 수 있는 기회를 날려버린 적도 있었다. 간신히 집을 샀더니 리먼 사태가 터져서 집값이 떨어졌던 일도 있었다.

경품 당첨 같은 작은 행운조차 찾아온 적이 없었기에 돈을 쉽게 버는 것은 원래 내 인생과는 거리가 멀다고 생각했다. 하지만 돌이켜보니 늦게라도 몇 번의 기회는 찾아오는 것 같다.

얼마 전 TV 예능 프로그램에서 우리나라에 살고 있는 외국인이 은행에 가서 청약 통장에 가입하는 장면을 봤다. 부동산으로 돈을 버는 시대가 끝났다고 해도 타국에 살고 있는 외국인조차 청약으로 내 집 마련을 꿈꾸는 것을 보면서 '내 집 마련'은 인간의 본능이라는 것을 느꼈다.

세상이 불공평하다고 불평해도 상황은 변하지 않는다. 우리는 태어날 때부터 내 삶을 선택할 수 없지만 누구에게나 공평한 것이 하나 있다. 그것은 바로 시간이다. 누구에게나 똑같이 주어진 시간을 어떻게 활용하느냐가 투자를 성공하기 위한 열쇠다.

지금 집값이 너무 올라서 기회가 사라진 것 같다고 느낄 수 있지만, 대부분의 사람들은 정작 기회가 와도 두려움 때문에 움직이지 못한다. 반면 두려움을 극복하고 행동하는 소수만이 기회를 잡아 부자가 된다.

기회를 잡기 위해서는 우선 종잣돈을 모아야 한다. 돈이 없으면 좋은 기회가 와도 잡을 수 없다. **당장 돈이 없어도 내가 관심 있는 지역의 아파트 매매와 전세 시세를 관찰하는 습관을 들여라.** 꾸준히 반복하다 보면 시세 흐름을 자연스럽게 읽을 수 있게 된다. 나 역시 네이버부동산을 매일 보는 것이 취미이자 습관이었고, 그 덕분에 투자 타이밍을 잡을 수 있는 감각을 키울 수 있었다.

매일 무심코 마시는 '테이크아웃 커피 한 잔'과 같은 작은 소비를 아끼는 습관도 시간이 쌓이면 큰 변화를 만든다. 출근길 커피 한 잔 값이 쌓이면 내 노후를 좌우할 수도 있다고 생각하고, 1년간 불필요한 옷과 신발 쇼핑도 줄여보라. **모든 소비를 스스로 통제하는 삶을 살아보자.**

"티끌은 모아봤자 티끌"이라거나 "돈을 좀 써줘야 경제가 돌아간다"는 말들은 젊은 세대를 가스라이팅하는 거짓말이다. SNS에 명품과 여행 사진을 올린다고 경제가 좋아지는 것이 아니다. 그런 말은 과소비를 정당화하려는 자기 위안일 뿐이다.

내가 21억 원의 순자산을 만든 데에는 악착같이 모았던 5,000만 원의 종잣돈이 지렛대 역할을 했다. 작은 티끌을 모으는 습관이 큰 부를 만들어줄 수 있다. 작은 습관과 꾸준한 노력이 모여 결국 인생을 바꾸는 큰 기회가 된다.

6장

쇼핑 대신 소형 부동산 투자, 물건은 가볍게 마음은 든든하게

유튜브에 내가 사는 집을 공개하자 어떤 사람들은 이렇게 짐이 없는 것은 믿을 수 없다며, 내가 집을 팔기 위해 일부러 짐 없이 살고 있는 것 같다고 의심하기도 했다.

많은 사람이 '미니멀라이프'Minimal Life, 물질적으로 적게 소유하고, 정신적으로는 더욱 풍요롭게 살아가는 삶의 방식를 단순히 잠깐 유행하는 일시적인 트렌드라고 생각한다. 하지만 내게는 투자를 지속하기 위한 선택이었다.

나는 남들처럼 연봉이 높은 직장으로 이직할 수 있는 경력이나 스펙이 없었다. 돈을 더 벌 수 없다면 남들보다 덜 써야겠다는 생각에서 나의 미니멀라이프는 시작되었다. 새 옷과 필요하지 않은 물건은 사지 않았고, 한 번 구입한 물건은 쓰임이 다할 때까지 최

대한 오래 쓰기로 마음먹었다. 이렇게 시작된 삶의 방식이 나를 자유롭게 만들어주었다.

내가 살고 있는 아파트의 거실 (직접 촬영)
절약과 성실을 강조하신 조부모님을 기억하기 위해 유품인 십자가를 걸어두었다

처음에는 이사 비용을 줄이기 위해 필요 없는 물건을 버리는 것부터 시작했다. 박스 몇 개의 짐만으로 새 집에 들어갔을 때 느꼈던 해방감은 지금도 생생하다. 비어 있는 거실이 오히려 든든하게 느껴졌고, 여백이 많은 공간에서 '비움'이 주는 평온을 경험했다. 집 안의 여백이 곧 내면의 여백이 되었다.

물건을 많이 소유하는 것이 풍요로운 삶은 아니라는 것을 그때 깨달았다. **비싼 물건에서 오는 만족감은 오래가지 않았지만 내 삶에서 물건을 덜어낸 이후의 여유로움은 오래도록 내 삶을 풍요롭게 만들어주었다.** 물건이 아닌 내 시간에 집중할 수 있었기 때문이다. 소비하지 않는 삶을 통해 비로소 나에게 집중할 수 있는 시간의 여유가 생겼다.

미니멀라이프를 실천하기 위해 거창한 계획을 세웠던 것은 아니다. "올해는 새 옷을 사지 말자", "미용실은 1년에 두 번만 가자" 이런 소소한 결심을 반복하면서 자연스럽게 습관이 되었다. 계절이 바뀌어 옷장 정리를 할 때마다 한 번도 입지 않은 옷은 과감히 처분했다.

주방 살림도 마찬가지다. 1인 가구에게 여러 개의 냄비와 많은 수량의 그릇들은 필요 없었다. 살림을 줄이니 작은 주방도 여유가 생겼고, 수납 공간에 여백이 생기니 마음도 한결 편안해졌다.

전자 기기에도 욕심을 부리지 않는다. 커피 머신 없이 인스턴트 커피를 마시고, 전기밥솥은 10년 넘게 사용 중이다. 휴대폰은 신제품이 나와도 고장 나기 전까지 바꾸지 않는다. 절약이 습관이 되어버렸기 때문이다.

미니멀라이프를 실천하게 된 이후 물건을 '사야 할 이유'를 찾는 대신 '사지 않을 이유'에 대해 고민하게 되었다. 백화점에 발길을 끊은 지 오래고, SNS의 화려한 광고도 더 이상 내 마음을 흔들지 못한다.

처음에는 단순히 돈을 절약하기 위해 시작했던 미니멀라이프였지만, 적게 소비하는 삶이 환경을 위한 실천이라는 사실도 깨닫게 되었다. **물건 하나를 살 때, 그 물건이 만들어지기까지 소비된 자원과 에너지, 환경에 미치는 영향까지 고려하게 되었다.**

소비를 결정할 때 그 물건을 얼마나 오래 쓸 수 있는지, 버릴 때 환경에 어떤 영향을 주는지 생각하다 보니 유행보다 오래 쓸 수 있는 물건을 선택하게 되었다. 장바구니를 들고 시장에 다니는 습관, 비닐 사용을 최소화하고 음식물 쓰레기를 남기지 않는 작은 실천을 하고 있다.

우리 집 욕실에는 비누 한 장이 전부다. 유리 선반도 과감히 없앴다. 비누 하나로 머리부터 발끝까지 씻는다. 처음에는 피부와 머릿결이 나빠질까봐 걱정하기도 했지만 아무 문제가 없었다. 각종 세안 용품들이 없는 욕실은 청소가 쉬웠고 무엇보다 이 작은 실천들이 내 삶을 얼마나 간결하게 만들었는지 모른다.

간소한 삶을 위해 비누 한 장이 전부인 욕실 (직접 촬영)

염색과 펌도 끊었다. 흰머리가 많이 보이기 시작했지만, 이 또한 나의 일부로 받아들이기로 했다. 타인의 시선은 신경 쓰지 않고 나답게 살기로 마음먹었다.

우리 집에 처음 오는 사람들도 놀라긴 마찬가지다. "정말 사람이 살고 있는 집이 맞냐?"고 묻기도 한다. 거실에는 TV도, 소파도 없다. 옷장의 크기도 작고 그마저도 여유가 남아 있을 정도로 갖고 있는 옷의 숫자도 적다.

하지만 처음부터 이렇게 살았던 것은 아니었다. 처음으로 내 집을 마련했을 때는 '예쁘게 꾸미고 싶다'는 욕심에 혼자 사는 원룸에 의자만 7개를 둔 적도 있었다. 해외여행을 가면 두 번 다시 이곳에 못 올수도 있다는 생각에 필요하지도 않은 기념품을 바리바리 사오기도 했다. 입지도 않을 옷을 습관적으로 사들이던 시기도 있었다.

공간을 비우면 청소가 쉽다는 단순한 이유에서 필요 없는 물건을 하나둘 버리다 보니 새로운 물건을 살 때도 훨씬 신중해졌고 자연스럽게 소비 습관도 달라졌다. 그렇게 나는 미니멀라이프의 매력에 서서히 빠져들었다.

집 안에 여백이 생기자, 내 마음도 한결 여유로워졌다. 물건을 적게 갖는 삶이 이렇게 편안할 수 있다는 걸 그때 느꼈다. 꼭 필요한 물건만 들이다 보니 한 번 산 물건은 쓰임이 다할 때까지 잘 쓰게 되었고, 덕분에 돈도 저절로 모였다. 단순히 물건을 줄이는 것을 넘어 삶의 방식마저 간결하게 달라지기 시작했다.

나는 오래전부터 '돈 걱정 없이 살 수 있는 백수의 삶'을 꿈꿔왔지만, 돈을 많이 벌어 놓은 뒤 그 돈을 펑펑 쓰면서 사는 삶이 내 인생의 목표는 아니었다. 명품도 별로 안 좋아하고, 대중교통을 이용하는 것을 좋아해서 면허는 있지만 차에도 관심이 없다.

내가 버는 소득은 한정적이었고, 더 많은 돈을 벌 수 있는 능력이 없었기 때문에 투자할 돈을 더 모으기 위해서 물건을 적게 소유하는 삶을 선택할 수밖에 없었다. 소비를 줄이는 삶을 선택했던 덕분에 조기 은퇴가 가능했다고 생각한다.

돈이 없어서 못 쓰는 것과 돈이 있어도 일부러 쓰지 않는 것은 완전히 다르다. 내가 남들보다 일찍 경제적 자유의 꿈을 이룰 수 있었던 이유는 돈을 더 모으는 능력보다, 남들보다 덜 쓰는 습관이 훨씬 중요하다는 것을 일찍 깨달았기 때문이다.

간소하게 사는 삶은 투자를 할 때에도 중요하게 작용한다. 돈을 아무리 많이 벌더라도 내가 버는 것 이상의 소비를 하는 사람은 부자가 되기 어렵다.

갖고 있는 물건의 숫자를 줄이고 소유에 대한 집착을 내려놓자,

내가 쓰는 사계절 옷과 화장품 전부

놀랍게도 마음의 평온이 찾아왔다. 물건을 적게 소유하니 그 물건들을 관리할 시간도 절약이 되었고, 소비의 유혹도 점점 더 줄어들게 되었다. 더불어 내 삶의 방식도 무척 단순해졌다.

물건을 많이 소유하는 삶이 아니라, 꼭 필요한 것만 두고 여백이 있는 삶. 이것이 내가 부동산 투자로 벌어놓은 돈을 은퇴 이후에도 잘 지켜나가는 방식이기도 하다.

아무것도 하지 않을 자유는 돈이 많아서 가능한 것이 아니다. 소비가 미덕처럼 여겨지는 사회 속에서 물건을 적게 소비하며 사는 방식으로 돈에 쫓기지 않는 삶을 선택했기 때문에 가능했다.

조기 은퇴는 '나는 이제 아무 일도 안하면서 살겠다'는 선언이 아니라, '내가 원하는 방식으로 살겠다'는 선택이다.

지속 가능한 투자를 위해 비용을 아끼자

파이어족이 된 이후 가장 좋은 점은 시간이 많아졌다는 것이다. 하루의 시간을 온전히 내가 하고 싶은 것만 하면서 보낼 수 있다는 자유는 따박따박 들어오는 월급보다 훨씬 더 달콤했다.

돈을 더 버는 것보다 시간을 내 마음대로 쓸 수 있다는 것이 내게는 더 중요했다. 돈은 덜 쓰며 살면 그만이지만 한번 흘러간 시간은 다시 되돌릴 수 없다.

22년간 직장을 다니면서 돈을 벌기 위해 내 시간의 거의 전부를 썼다. 일이 없어도 상사의 눈치를 보느라 야근을 했고, 휴가도 마음 편하게 쓸 수 없었다. 매일 출근해서 같은 공간에서 같은 일을 반복하며 사는 삶. 계절의 변화를 느낄 여유조차 없었다.

사람들은 걱정 없이 돈을 펑펑 쓸 수 있는 삶이 행복일 거라고 생각한다. 하지만 적게 소비 하는 삶도 충분히 행복하다는 것을 느꼈다. 이제는 물건에 대한 소비 대신 경험에 돈을 쓴다. 오래 잘 쓸 수 있는 물건을 신중히 고르고, 가족과의 여행처럼 삶을 풍요롭게 만드는 경험을 선택한다.

퇴사 이후에는 인간관계도 바뀌었다. 좋아하는 사람들과의 시간에 집중할 수 있고, 누군가의 안부를 물을 수 있는 여유도 생겼다. 결국 파이어는 돈으로부터의 자유가 아니라 인간관계로부터의 자유, 시간으로부터의 자유다. 그리고 이 모든 자유를 누릴 수 있는 지금의 삶에 매우 만족한다. 하루의 시간을 온전히 내가 하고 싶은 일에 집중할 수 있는 자유는 따박따박 들어오는 월급보다 훨씬 더 달콤하다.

돈이 많다고 해서 파이어족의 생활이 만족스러운 것은 아닌 것 같다. 나는 돈 대신 시간을 선택했기 때문에 현재의 생활에 만족을 하는 것 같다. 그리고 나는 내 선택이 틀리지 않았다는 것을 일상 속에서 확인하고 있다.

과거에는 나도 남들과 비교하며 살았다. SNS에 올라오는 타인의 삶이 부러웠고 돈을 많이 벌어 풍족한 소비를 할 수 있는 경제력을 갖추는 것이 성공한 삶이라고 생각했다. 하지만 지금은 다르다. 나의 삶의 기준은 타인이 아닌 '나'다. 돈을 펑펑 쓸 수 없다거나 차도 없고 해외여행을 자주 가지 못한다고 해서 우울하지 않다.

거실에 소파와 TV가 없는 집에 살아도 불편하지 않고, 매년 새 옷을 사지 않아도 결핍을 못 느끼고, 혼자 살고 있어도 외롭지 않다. 이것이 내 성향이고, 삶의 방식이다.

"혼자 살면 외롭지 않아?"
"결혼은 왜 안 해? 나중에 늙어서 아프면 후회할 수도 있어."
"물려줄 자식도 없는데 그렇게 아껴서 뭐해. 좀 쓰면서 살아."

이런 말을 들어도 내 삶의 방식을 바꾸고 싶지 않다. 결혼을 해서 행복한 사람도 있고, 결혼 때문에 불행하고 더 외로운 사람도 있다. 내가 아플 때 보살핌을 받을 수 있는 것이 아니라 아픈 배우자를 돌보느라 힘든 시간을 보낼 수도 있다. 자식을 낳고 키우면서 기쁨을 얻는 순간들도 많겠지만, 자식 때문에 삶이 무너지는 경험도 분명 존재할 것이다.

나는 내 삶에 대해 내가 책임질 수 있는 선택을 했고, 이런 선택을 했던 덕분에 지금의 자유가 있다고 생각한다. 그래서 남이 뭐라고 해도 내 마음은 흔들리지 않는다.

혼자 사는 인생이 외롭다는 생각하는 사람들도 많다. 하지만 나는 혼자 지내는 고요한 시간에서 에너지를 충전하는 성격이다. 사람들과 부대끼며 지내는 것에서 삶의 에너지를 얻는 사람들도 있겠지만 나는 그 반대 성향이다.

실제 은퇴한 사람들 중에는 10억도 채 되지 않는 자산으로 은퇴를 결심한 경우도 많다. 결국 파이어의 성공 여부는 갖고 있는 자산보다 '실제 필요한 생활비'에 달려 있다. 얼마를 벌고 있느냐보다, 얼마를 쓰고 사느냐가 훨씬 더 중요하다. 안정적인 파이어 생활을 위해서는 다음 세 가지 조건이 필요하다고 생각한다.

1. 매달 생활비에 해당하는 안정적인 현금 흐름
2. 특정 영역에 치우치지 않고 고르게 분산되어 있는 자산
3. 보유한 자산을 잘 관리할 수 있는 능력

그리고 무엇보다 들어오는 수입에 맞춰 검소한 삶을 유지할 수 있는 마음가짐이 가장 중요하다. 많은 연봉을 받아도 저축 하나 제대로 하지 못하는 사람이 있는가 하면, 최저임금 수준의 수입으로도 꾸준히 100만 원이 넘는 저축을 하는 사람도 있다.

나도 처음 파이어족을 목표로 했을 때는 목표 자산이 점점 커져

만 갔다. 30억은 있어야 돈 걱정 없는 은퇴 생활이 가능할 것이라고 생각했지만, 2024년 3월 실제 은퇴를 한 시점의 순자산은 17억 5,000만 원에 불과했다. 그때 매달 들어왔던 현금 흐름은 고작 150만 원이었다. 하지만 그 돈으로도 생활하기에는 충분했다.

1년이 지난 지금 부동산 자산이 크게 상승을 해서 순자산은 21억 5,000만 원으로 4억이 증가했다. 1년 전에 비해 월세 수입도 증가했고 보유하고 있던 현금으로 배당금을 주는 주식에 분산 투자한 결과 현금 흐름은 150만 원에서 250만 원으로 100만 원이나 늘어났다.

내가 목표로 했던 30억보다 훨씬 적은 금액으로 퇴사했지만 생활비가 부족하다고 느낀 적은 없다. 그 이유는 항상 검소한 생활 습관을 유지해왔기 때문이다. 내가 힘들게 번 돈을 필요도 없는 소비에 써버리기보다 적게 소유하고 적게 쓰는 삶을 선택했다. 덕분에 더 이상 돈 때문에 억지로 일하지 않아도 되는 '시간의 자유'를 누리며 살고 있다.

타인의 잣대가 기준이 아닌 나 스스로 만족하는 삶. 이것이 내가 파이어족으로 살아가며 얻은 교훈이다.

부록

인생이 바뀌는 부동산 투자를 위해 날마다 쓰는 가계부 습관

나는 지금까지 23년간 하루도 빠지지 않고 소비를 기록해오고 있다. 투자는 목돈이 있어야만 시작할 수 있는 것이 아니다. 사회생활을 시작한 그 순간부터 내가 받는 월급의 흐름을 정확히 파악하고 소비 습관을 점검하며 종잣돈을 모으는 것. 그것이야말로 진짜 투자로 가는 첫걸음이다.

나 역시 첫 월급 128만 원을 받던 시절, 원룸 빌라에 살며 작은 다이어리에 내가 쓰는 돈을 매일 기록하는 습관을 들였다.

매일 가계부를 쓰다 보면 불필요한 지출은 자연스럽게 줄고, 내 돈의 흐름과 자산 현황을 한눈에 파악할 수 있는 힘이 생긴다. 날마다 내가 쓴 돈을 기록하는 단순한 습관이 나의 경제적 자유를 앞당기는 레버리지가 되어주었다.

가계부는 돈을 아끼는 수단만이 아니며, 돈의 흐름을 이해하고, 미래를 설계할 수 있는 가장 강력한 도구다.

- **내 돈의 흐름을 날마다 점검할 수 있다**

    신용카드나 온라인 결제로 빠져나간 돈은 눈에 보이지 않기 때문에 쉽게 새어나간다. 하지만 매일 가계부를 쓰면 수입과 지출의 흐름이 한눈에 들어온다. 불필요한 소비를 점검하고 새는 돈을 막을 수 있다.

- **지출을 통제하고 소비 계획을 세울 수 있다**

    매일 지출을 기록하다 보면 소비의 패턴이 보이고 절제할 수 있는 항목을 파악할 수 있다. 지출을 통제하지 못하면 자산을 불릴 수 없다. 재테크는 소비를 통제하는 절제력에서 시작된다.

- **저축 목표를 세우고 실현 가능성을 확인할 수 있다**

    한 달간의 가계부의 기록을 보면 실제로 내 수입에서 얼마를 저축할 수 있는지 명확해진다. 불확실한 미래를 막연히 걱정하는 대신, 현실적인 계획을 세울 수 있는 습관을 길러준다.

- **작은 습관 하나가 인생을 바꿔준다**

    나는 20년 넘게 가계부를 쓰는 습관 덕분에 매일 출근해야 하는 삶에서 벗어나 파이어족이 될 수 있었다. 지금 당신의 월급을 어떻게 쓰느냐에 따라 미래는 달라진다. 기록은 가장 강력한 자산이다.

STEP 1 내가 이루고 싶은 인생 목표를 설정하고 소비 습관을 바꾸기 위한 계획을 세워보자.

STEP 2 매월 순자산 변동 현황과 실물 자산 정보(예적금, 부동산, 금테크)를 기록해보자.

STEP 3 매월 수입과 지출을 기록하고 1년 동안의 흐름을 한눈에 파악해보자.

STEP 4 변동지출(경조사, 여행, 의류, 잡화, 화장품, 미용실 비용)을 꼼꼼히 기록하여 소비 패턴을 파악하고 관리하자.

STEP 5 월간 스케줄을 기록하는 다이어리로 활용한다.

STEP 6 매일 지출을 간단히 기록하고 주간 단위로 정리해보자.

STEP 7 월말에 한 달간의 수입·지출을 결산하고 'STEP 3'의 연간 체크리스트에 기록하자.

가계부는 하루 5분이면 충분하다. 지금부터 시작하는 이 기록이 파이어족의 시작점이 되고, 내 집 마련의 꿈에 한 걸음 더 가까워질 수 있는 계기가 되기를 진심으로 응원한다.

월급을 자산으로 바꾸기 위해 오늘부터 소비 습관을 바꾸겠습니다

나의 투자 시작 첫걸음

나는 종잣돈을 모으기 위해 매달 _____원씩 저축을 하겠습니다.
작은 실천이 파이어족의 목표를 위한 출발점이 될 것이라고 믿습니다.

날짜: _____

줄이고 싶은 소비 항목 Top 3

① _____

② _____

③ _____

절약하는 습관 만들기

- 날마다 마시는 테이크아웃 커피를 줄이자
- 배달/외식비 지출을 줄이자
- 의류 구입비를 줄이자
- 온라인 쇼핑 충동구매를 자제하자
- _____
- _____
- _____
- _____
- _____

인생이 바뀌는 부동산 투자를 위해 날마다 쓰는 가계부 습관

에필로그

내가 할 수 있었다면
당신도 할 수 있다

2024년 겨울 처음 이 책을 쓰기로 결심했을 때, 집값 상승으로 인한 양극화로 상대적 박탈감을 느끼는 사람이 많은 요즘 자칫 부동산 투기로 돈을 많이 벌었다는 자랑을 한다고 욕을 먹지 않을까 하는 걱정이 있었다.

과거의 나처럼 소득이 너무 적어 내 집 마련은 꿈도 못 꾸고 있는 사회 초년생, 투자할 타이밍을 놓쳐 잠 못 이루고 있는 사람들, 노후에 대해 걱정하면서도 이렇다 할 준비를 하지 못한 사람들에게 아직 늦지 않았으며, 누구든 할 수 있는 희망을 갖길 바라는 마음으로 한 줄 한 줄 써내려갔다.

어느덧 이 책을 마무리하는 시점이 되어 지난 22년간의 직장 생활을 찬찬히 돌아보게 되었다. 128만 원의 월급으로 시작했던 사회 초년생 시절부터 드디어 그토록 바라던 경제적 자유의 꿈을 이루고 퇴사하기까지 시간을 이렇게 한 권의 책으로 정리하게 되니 감회가 새롭다.

북디자이너로 평생 남의 책을 디자인해주는 일만 해왔다가 은퇴 후 내 이름으로 된 책이 출간된다고 생각하니 기쁨과 설레임이 컸다. 하지만 그것도 잠시, 내 경험을 처음 만나는 독자들에게 어떻게 전달해야 할지 힘들 때도 있었고 포기하고 싶던 순간들도 있었다. 그때마다 지금 중학생인 조카가 스무 살이 되었을 때 이 책을 읽고 투자에 대해 눈을 뜨길 바라는 생각으로 힘을 냈다.

투자를 하면서 가장 힘들었던 것은 투자를 하면 할수록 점점 더 커지는 내 욕심을 다잡는 일이었다. 세상에는 수많은 부자가 있고, 나도 남들처럼 더 빨리 부자가 되고 싶다는 조급함을 수없이 마주해야 했다. **결국 실패하지 않고 투자를 장기간 지속할 수 있던 이유는 순간의 욕심을 떨쳐내고 내 돈 그릇만큼 투자를 했기 때문이다.**

전문 투자가가 아닌 이상 나처럼 평범한 사람에게 부동산 투자는 단기적으로 큰돈을 벌 수 있는 기술이 아니다. 이 책을 통해 내가 부동산 투자로 돈을 벌 수 있었던 과정을 소개하며 **내가 전하고**

싶은 메시지는 "작은 종잣돈으로도 느리지만 꾸준하게 경제적 자유에 도달할 수 있다"라는 것이다.

나는 부동산 투자라는 방식을 선택했지만 자신의 성향에 맞는 재테크 방식을 선택하면 된다. 내가 이 책에 쓴 방식대로 초소형 아파트에 투자를 하라는 얘기도 아니다. 내 방식을 따라 하지 말고 당신에게 맞는 투자 방식을 찾아야 한다.

누군가에게는 주식 투자가 맞고, 누군가에게는 투자보다 저축이 심적 안정감을 준다. 누군가는 매일 마시는 스타벅스 커피 한잔의 여유를 포기하지 못하고, 누군가는 대출이나 마이너스 통장은 불안하다며 손도 안 댄다.

나는 남들이 다 말리는 초소형 아파트에 투자를 했지만 이것은 내 이야기일 뿐이다. 이 책을 덮고 나서 자신만의 투자 방식을 찾길 바란다. 당신만의 방식대로 해도 성공할 수 있다.

"이제 제 나이에는 너무 늦은 것 같아요."
"과거에는 가능했겠지만 지금은 어려워요."

어렵다고 불가능하다고 포기하지 말고, 부동산 투자와 경제적 자유에 대해 긍정적으로 생각하게 된다면 더 바랄 것이 없겠다. 좀 더 아끼고 검소하게 살면서 당신의 자유와 미래를 위해 살아가길, 어려웠지만 결국 해냈다는 날이 오기를 진심으로 응원한다. 그리고 이 말을 꼭 기억해주시길.

"인생은 내가 생각하는 대로 흘러간다."

당신의 인생은 바뀔 수 있다.

골드곰 소형 부동산 투자 비법

초판 1쇄 발행 2025년 8월 26일

지은이 신명숙
펴낸곳 ㈜에스제이더블유인터내셔널
펴낸이 양홍걸 이시원

홈페이지 siwonbooks.com
블로그 · 인스타 · 페이스북 siwonbooks
주소 서울시 영등포구 영신로 166 시원스쿨
구입 문의 02)2014-8151
고객센터 02)6409-0878

ISBN 979-11-6150-554-1 13320

이 책은 저작권법에 따라 보호받는 저작물이므로 무단복제와 무단전재를 금합니다. 이 책 내용의 전부 또는 일부를 이용하려면 반드시 저작권자와 ㈜에스제이더블유인터내셔널의 서면 동의를 받아야 합니다.

시원북스는 ㈜에스제이더블유인터내셔널의 단행본 브랜드입니다.

독자 여러분의 투고를 기다립니다.
책에 관한 아이디어나 투고를 보내주세요.
siwonbooks@siwonschool.com